# चाय कुल्हड़ में

Ashish Kumar

ISBN 978-93-5458-142-7
© Ashish Kumar 2021
Published in India 2021 by Pencil

*A brand of*

One Point Six Technologies Pvt. Ltd.
123, Building J2, Shram Seva Premises,
Wadala Truck Terminal, Wadala (E)
Mumbai 400037, Maharashtra, INDIA
**E** connect@thepencilapp.com
**W** www.thepencilapp.com

# Author biography

वर्ष2014में मेरी पहली पुस्तक प्रकाशित हुई थी और यह एक प्रेम कहानी थी जिसका शीर्षक'Love Incomplete'था।2015में मेरी दूसरी किताब हिंदी में'क्या है हिंदुस्तान में'शीर्षक से प्रकाशित हुई थी।

एक बार जब मैं क्वांटम भौतिकी पर एक लेख पढ़ रहा था और इसकी अनिश्चितता ने जल्द ही मेरे मन में एक पुराने हिंदू दर्शन के बारे में एक विचार उत्पन्न किया जिसे'सांख्य'कहा जाता है और तब मैं सब कुछ भूल गया और'सांख्य'दर्शन और क्वांटम भौतिकी के बीच की कड़ी को समझने और खोजने के लिए अपना जीवन समर्पित कर दिया । दिसंबर2015में इस विषय में मेरा शोध पत्र इंटरनेशनल जर्नल ऑफ साइंटिफिक एंड इंजीनियरिंग रिसर्च'में थ्योरी ऑफ एनीथिंग - सांख्य दर्शन'शीर्षक से प्रकाशित हुआ । लेकिन मैं बेचैन था क्योंकि यह मुझे आम लोगों के लिए एक सार मात्र लगता था । इसलिए मैंने अपने शोध पत्र की सामग्री को समझाने के लिए एक पुस्तक लिखना शुरू किया। वर्ष2016में इस संबंध में मेरी

पुस्तक'Detail Geography of Space'शीर्षक से प्रकाशित हुई थी।

फिर मैंने अपने तरीके बदल दिए और एक और पुस्तक'The Ruiner'लिखी,जिसमें मैंने हिंदू पौराणिक कथाओं के रहस्यों और हिंदू शास्त्रों के अनुष्ठानों और दर्शन को बहुत वैज्ञानिक तरीके से और कहानी के रूप में हल करने की कोशिश की।2018में मेरी एक और किताब हिंदी में'सच्ची सच्चाई कुछ पन्नो में'शीर्षक से प्रकाशित हुई।

जनवरी2019में मेरा दूसरा शोध पत्र अंतरष्ट्रीय पत्रिका में प्रकाशित हुआ जिसका शीर्षक'स्पन्दकारिका - थ्योरी ऑफ़ नथिंग'था जिसमे मैंने हमारे सौरमंडल के सारे बलों और विकिरणो को एक सूत्र में पिरोने का प्रयास किया है

मई2109में मेरी छठी पुस्तक प्रकाशित हुई जिसका शीर्षक'कुछ अनोखे स्वाद और बातें'है जिसमे मैंने अपने द्वारा खोजी और बनायीं गयी खाने-पीने की चीजों और उन से जुड़ी रोचक बातो का जिक्र किया है।

इसके बाद मेरी प्रकाशित पुस्तके "पूर्ण विनाशक", " मोहल्ला 90 का" "Samundrmanthnam ", "Avyakhyaam ", " A Citygraphy of Panchpuri Haridwar ","छाले धूप के " एवं Ashtalakshmi है

# CONTENTS

# Introduction

सन 2018 में मेरी एक पुस्तक आयी थी जिसका शीर्षक था 'सच्चाई कुछ पन्नो में' जिसमे मनुष्य जीवन के नौ रसो की 27 छोटी छोटी सच्ची कहानियाँ थी। हर एक रस की तीन कहानियाँ। मेरे कई मित्रो को वो पुस्तक और वो संकल्पना बहुत पसंद आयी थी एवं मेरे कई साथियो ने मेरे से अनुरोद्ध किया की मैं उस पुस्तक का द्वतीय भाग भी लिखूँ। मित्रो आप मेरी इस पुस्तक 'चाय कुल्हड़ में' को 'सच्चाई कुछ पन्नो में' का द्वतीय भाग भी कह सकते हैं और चाहे तो बिना किसी सन्दर्भ के स्वच्छंद भी पढ़ सकते है।

प्रस्तुत पुस्तक में 27 कहानियाँ है नव रसो में से हर एक रस की 3 कहानियाँ, पहली 9 कहानियाँ एक एक रस की नौ रसो तक फिर कहानी नंबर 10 से 18 तक फिर उसी क्रम में नौ रसो की एक एक कहानी ऐसे ही 19 से 27 तक फिर उसी क्रम में नौ रसो की एक एक कहानी । कुछ कहानियों में सब को आसानी से पता चल जाएगा की वो किस रस की है । कुछ में उन्हें थोड़ा सोचना पड़ेगा इसलिए हर एक कहानी के बाद मैंने लिख दिया

है की उस कहानी में कौन सा रस प्रधान है पुस्तक की कहानियों में रसो का क्रम श्रृंगार, हास्य, अद्भुत, शांत, रौद्र, वीर, करुण, भयानक एवं वीभत्स हैं

अर्थात पहली कहानी श्रृंगार रस दूसरी हास्य ऐसे ही नवी कहनी वीभत्स रस की है इसी क्रम में दसवीं कहनी फिर श्रृंगार रस ग्यारवी कहनी फिर हास्य रस की है और ऐसे ही उनीसवीं कहनी फिर से श्रृंगार रस आदि आदि ..... सत्ताईसवीं कहनी वीभत्स रस की है ।

मैंने इस पुस्तक में सामान्य बोल चाल की हिंदी प्रयोग की है जिससे सब आसानी से कहानियों के भावो को समझ सके जहाँ पर कोई वार्तालाप है वहाँ मैंने उसे उसी तरह लिखा है जैसे वो हुआ था हिंदी और अंग्रजी दोनों मे । कुछ स्थानों पर मैंने समान्य बोल चाल से हट कर कहानी के अनुसार से हिंदी शब्द प्रयोग किये है जिनका अर्थ मैंने उन्ही शब्दों के आगे () के अंदर अंग्रजी में समझा दिया है अगर मेरे से पुस्तक में कोई गलती हो गयी हो  तो क्षमा का प्रार्थी हूँ ।

# बिट्टू कहाँ गया

बात 1996 की है हरिद्वार में हमारे घर के सामने बिट्टू भईया का घर है उन्ही बिट्टू भईया का जिनका जिक्र में अपनी पुस्तक 'सच्चाई कुछ पन्नो पे' की कहनी 'अनसुलझा रहस्य' में कर चूका हूँ । बिट्टू भईया का घर हमारे घर के ठीक सामने है । बिट्टू भईया हमारे मोहल्ले में एक दो घर को छोड़ कर और किसी के घर नहीं जाते थे और ये सिलसिला अभी तक कायम है । 1996 में बिट्टू भईया की शादी तय हो गयी और शादी से तीन चार दिन पहले से शादी की रस्मे शुरू हो चुकी थी ।

बिट्टू भईया के दो तीन ही शौक है उनमे से एक है टी. वी. पर क्रिकेट मैच देखना । बिट्टू भईया का स्वभाव थोड़ा सा आरक्षित प्रवृति का है अथार्त वो ज्यादा किसी से मिलना जुलना पसंद नहीं करते है लेकिन जिनसे करते है उनसे उनकी घनिष्ठ मित्रता हो जाती है ।

तीन दिनों से होते आ रहे शादी के कार्यक्रमों से वो बहुत ज्यादा बोर और परेशान हो गए थे क्योकि उन कार्यक्रमों में

उनके रिश्तेदारों और मोहल्ले के कई अन्य लोगो से उनको रोज कई बार रूबरू होना पड़ रहा था ।

बिट्टू भईया की शादी की Reception के दिन सब लोग व्यस्त थे । Reception रात को शादी के लिए आरक्षित एक palace में होनी थी ।

शाम के करीब चार बजे से बिट्टू भईया के घर हल्ला मचना शुरू हो गया क्योंकि बिट्टू भईया को अपनी शादी की reception के लिए तैयार होना था पर वो अपने घर में नहीं थे। घर के बड़े, छोटे सब उनको ढूँढ रहे थे कोई कमरों में, कोई छत पर, कोई स्नान गृह में आदि-आदि पर बिट्टू भईया का कही अता-पता ना था। यह उस समय की बाद है जब मोबाइल फ़ोन मध्य वर्ग के लोगो की जिंदगी का भाग नहीं हुआ करते थे। तो इसलिए कोई बिट्टू भईया को फ़ोन करके भी नहीं पता कर सकता था की वो कहाँ है । किसी की समझ में नहीं आ रहा था की अब क्या करे?

उस समय मैं अपने घर पर नहीं था और घर के पास की ही एक दुकान पर से कुछ सामान लेने गया हुआ था। दुकान से वापिस आते हुए मैंने देखा की बहुत सारे लोग बिट्टू भईया के घर के बहार एकत्र है और सब परेशान है शाम के पांच बजने को थे पर बिट्टू भईया का कोई अता-पता ना था मैंने भी बिट्टू भईया के एक रिश्तेदार अंकल से पूछा, "अंकल क्या हुआ सब बड़े परेशान लग रहे है?" तो उन्होंने कहा, "बेटा बिट्टू को अपनी

reception के लिए तैयार होना है और उसका कही पता ही नहीं"
फिर मैं अपने घर की ओर को चल दिया । जैसे ही मैंने अपने
घर के अंदर पहली मंजिल में प्रवेश किया मुझे अपने घर के
टी.वी. वाले कमरे में से टी.वी. पर मैच चलने की आवाज़ आयी
अचनाक मुझे याद आया ओह आज तो भारत और दक्षिण
अफ्रीका का क्रिकेट मैच है। मैं तुरंत टी. वी. वाले कमरे की ओर
को लपका ।

जैसे ही मैंने कमरे में प्रवेश किया मेरी आँखे फट गयी क्योकि
कमरे में टी.वी. पर भारत और दक्षिण अफ्रीका का क्रिकेट मैच
चल रहा था और कमरे में पड़े फोल्डिंग पलंग पर बिट्टू भईया
बैठे थे । मैंने उनकी तरफ देखकर उन्हें नमस्ते करके कहा,
"अरे भईया आप यहाँ बैठे हुए क्रिकेट मैच देख रहे है और वहाँ
आपके सब घर वाले परेशान है वो सब आपको शादी की
Reception में जाने के लिए तैयार करने के लिए ढूँढ रहे है"
तो बिट्टू भईया ने कहा, "यार मैं परेशान हो गया हूँ करीब एक
हफ्ते से घर में शादी के माहोल की वजह से क्रिकेट मैच नहीं
देख पाया हूँ बस पाँच ओवर और देख लूँ" इतने में मेरे पापा भी
आ गए और फिर जब पापा ने बिट्टू भईया को समझाया तो वो
अपने घर जाकर अपनी शादी के Reception में जाने के लिए
तैयार होने के लिए राज़ी हो गए परन्तु एक ओवर देखने के
बाद ।

रस : श्रृंगार

# आलस

80 या 90 के दशक में जन्मे बच्चे अच्छी तरह से जानते है की उनके पापा उन्हें सुबह जल्दी उठ कर पढ़ने के लिए कितना उत्साहित करते थे । वो हमेशा अपने बच्चो से यही कहते की 'सुबह जल्दी उठकर पढ़ा हुआ जिंदगी भर याद रहता है' और इसी लिए वो बच्चो को देर रात तक नहीं जागने देते थे रात 10 बजे के बाद जागने की सख्त मनाई थी । मैं और मेरे पापा भी इसका अपवाद नहीं थे ।

बात यह भी सन 1996 की ही है । उस साल मेरी कक्षा दसवीं की बोर्ड की परीक्षा होनी थी । सामान्यतः यू. पी. बोर्ड की परीक्षाये मार्च के महीने में हुआ करती थी । सब बच्चो और उनके माता-पिताओ को बोर्ड की परीक्षाओ अथार्त हाई स्कूल और इंटरमीडेट का बहुत डर रहता था क्योकि उन परीक्षाओ में इम्तिहान का पर्चा बहार से पूरे उत्तर प्रदेश में एक ही आया करता था ।

तो सब बच्चे इम्तिहानो से करीब एक महीने पहले से ही परीक्षा की पढ़ाई शुरू कर देते थे। एक कमाल की बात ये थी की

बच्चे जिनकी परीक्षा होनी होती थी उनका मन पढ़ाई में रात को ज्यादा लगता था जबकि उन बच्चो के माता-पिता ये सोचते थे की बच्चे सुबह को जल्दी उठ कर पढ़ाई करे तो उनकी पढ़ाई अच्छी हो पायेगी। ये भी एक सत्य बात है की 90 प्रतिशत बच्चो को सुबह बहुत तेज नींद आया करती थी ।

क्योकि हमारे इम्तिहान मार्च में होने थे इसलिए मुझे भी मेरे पापा ने फरवरी महीने के प्रारम्भ से सुबह पाँच बजे उठाना शुरू कर दिया था। सन 1996 में हरिद्वार शहर में फरवरी माह के शुरुवात में अच्छी खासी सर्दी हुआ करती थी । पापा सुबह पाँच बजे मुझे उठा देते और मैं अपने हाथो में किसी एक विषय की पुस्तक लेकर रजाई में बैठ जाता । कब सर्दी की ठंडी में रजाई की गर्माहट मुझे अपने आग़ोश में ले लेती पता ही नहीं चलता था । बस रजाई में मेरे बैठने की शारीरिक मुद्रा बदलती रहती, वो रीढ़ की हड्डी के 90 अंश पर बैठे हुए से शुरू होती और धीरे धीरे रजाई में 90 से 100, 100 से 120 अंश अदि होती हुई कब 180 का कोण बनाकर मैं रजाई के अंदर सो जाता पता ही नहीं चलता था । पुस्तक हाथो से छूठ कर एक ओर को गिर पड़ती थी ।

आँखे तब खुलती जब पापा उस कमरे में आ कर मेरे बाल हाथो से पकड़ते और बोलते, "क्यों रे ये पढ़ाई हो रही है" कुछ देर मै फिर ध्यान लगाकर पुस्तक की ओर देखता और पाँच मिनटों के अंदर ही फिर झपकी आनी शुरू हो जाती ।

ऐसी ही एक सुबह पापा ने मुझे पढ़ाई करने के लिए पाँच बजे उठा दिया। उठने के बाद जब मैं शौचालय में दीर्घशंका के लिए गया तो उस समय भी मुझे बहुत तेज नींद के झटके आ रहे थे । उस समय हमारे घर में केवल भारतीय शैली का ही शौचालय हुआ करता था । मैं शौचालय में बैठा बैठा झूम रहा था बार बार मुझे नींद के झटके आते और मैं धीरे धीरे पीछे को होने लगता। जैसे ही मैं गिरने वाला होता तुरंत मेरी आँखे खुल जाती। धीरे धीरे नींद मुझ पर हावी होती जा रही थी। तभी मुझे शौचालय में पानी के नल की टोटी दिखी जो शौचालय में मेरे हाथो की पहुँच में थी ।

बस फिर क्या था मैंने शौचालय में बैठे बैठे वो नल की टोटी पकड़ ली । अब कितने भी नींद के झोके आये मैं आराम से नल की टोटी पकड़े बैठा था नींद में मैं अगर जरा सा पीछे जाता तो तुरंत टोटी के सहारे से अपनी मूल स्थिति में आ जाता ।

एक मिनट बाद धड़ाम से आवाज़ आयी और नल की टोटी ही टूट गयी मैं शौचालय में पूरा पानी में भीगा हुआ पीछे की और को गिरा पड़ा था। तुरंत पापा भाग कर आये। उस दिन के बात से मुझे कभी भी सुबह जल्दी उठने में परेशानी नहीं हुई ।

रस : हास्य

# रेलवे फाटक

मैंने अपनी प्रौद्योगिकी में स्नातक की पढ़ाई सूचना प्रौद्योगिकी में सन 2000 से लेकर 2004 तक बरेली शहर से की है । शुरुवात के दो वर्षों तक मुझे बरेली में अपने मूल निवास स्थान 'हरिद्वार' की बहुत याद आती थी और हर पल मेरा ये ही मन करता था की जल्दी से कोई छुट्टी मिले तो में घर जाऊ। ज्यादतर जब मुझे बरेली से अपने गृह निवास स्थान हरिद्वार जाना होता था तो एक दम से ही योजना बनती थी और मैं बरेली से हरिद्वार ज्यादातर उत्तर प्रदेश की रोडवेज की बस से ही जाता था जबकि हरिद्वार से बरेली तक ज्यादातर मुझे रेलगाड़ी में टिकट मिल जाता था ।

अब तो मुझे हरिद्वार से बरेली सड़क मार्ग से जाये हुए बहुत साल हो गए है तो अब मुझे ज्ञात नहीं परन्तु जब मैं बरेली से पढ़ाई कर रहा था अथार्त सन 2000 से लेकर 2004 तक, तब उस मार्ग पर कई जगह रेलवे क्रासिंग आती थी शयद उस समय बरेली से हरिद्वार के बीच सड़क मार्ग में 7 या 8 स्थानों पर रेलवे फाटक थे जिनमे से 3 या 4 हर यात्रा में बंद अवश्य

मिलते थे और बस को काफी देर तक उन रेलवे क्रासिंग फाटकों पर खड़ा होना पड़ता था जिससे की यात्रा का समय करीब एक घंटा बढ़ जाता था।

सन 2002 की बात है अथार्त जब में अपनी स्नातक की पढ़ाई के पाँचवे छमाही (Semester) में था हमारे आंतरिक पेपर दिवाली से दो दिन पहले तक रख दिय गए मैं बहुत ज्यादा उदास था की धन तेरस के दिन भी मैं अपने घर नहीं जा पाऊँगा और मुझे अपने महाविद्यालय में परीक्षा देने जाना पड़ेगा। फिर मैंने सोचा ऐसा करता हूँ कि महाविद्यालय से आने के बाद रात करीब दस बजे की बरेली से हरिद्वार की बस पकड़ लूँगा जो मुझे सुबह करीब पाँच बजे हरिद्वार पहुँचा देगी।

मैंने वैसा ही किया भी और रात दस बजे की बरेली से हरिद्वार जाने वाली बस पकड़ ली। जाम और बस के सह चालक द्वारा सवारियों को बैठाने आदि के चक्कर में ही बरेली शहर से निकलते निकलते रात के 11 बज गए। बस बरेली और रामपुर के बीच रात्रि में गुजर रही थी रास्ते में पड़ने वाले गाँव आदि के घरो में धन तेरस की रात को लगी रंग बिरंगी झालर वाली रोशनी बहुत सुन्दर लग रही थी मैं अपने मन में सोच रहा था की इस समय घर पर मेरे बड़े भईया भी घर को लीची वाली झालरो से सजा रहे होंगे।

नवंबर की ठंडी ठंडी रात में बस में मैं ख्यालो में खोया हुआ

था। यह वो समय था जब वातानुकूलित बसे उस रास्ते पर नहीं चला करती थी।

अचनाक बस के ब्रेक लगे और वो रुक गयी। एक रेलवे फाटक आ गया था जिस पर से धीरे धीरे करके बस ट्रैक आदि गुजर रहे थे। वो रेलवे फाटक दोहरी रेलवे लाइन वाला था धीरे धीरे करके हमारी बस आगे बढ़ रही थी हमारी बस के ठीक आगे एक ट्रैक था और उस ट्रैक से आगे दो बसे और एक ट्रैक। जैसे ही सबसे आगे वाली बस फाटक के दूसरी ओर पहुँची तो रेलवे फाटक धीरे धीरे नीचे आने लगा अथार्त कोई रेलगाड़ी आने वाली थी जिसकी वजह से रेलवे फाटक पर काम करने वाले कर्मचारी ने धीरे धीरे उसे बंद करना शुरू कर दिया था। परन्तु जैसे ही पहली बस निकली उसके पीछे वाली दूसरी बस ने तुरंत ही  अपनी बस पहली बस से बिल्कुल सटा कर निकल  ली। फाटक वाले कर्मचारी को फाटक हल्का सा ऊपर उठाना पड़ा लकिन ये क्या जैसे ही दूसरी बस वाले ने अपनी बस निकली तुरंत उसके पीछे एक ट्रैक वाले ने अपना ट्रैक लगा लिया।  और वो भी फाटक के पार निकल गया इस पर रेलवे फाटक को बंद करने वाले कर्मचारी को बहुत गुस्सा आया और वो तेजी से फाटक बंद करने लगा पर ये क्या अचनाक हमारी बस से आगे वाले ट्रैक वाले और हमारी बस वाले चालक दोनों ने अपने अपने वाहनों को तेज़ी से फाटक के एक ओर से घुसा दिया। अब तो रेलवे फाटक बंद करने वाले व्यक्ति के गुस्से की कोई

सीमा ना रही और उसने तुरंत रेलवे फाटक पूरा बंद कर दिया । जिसकी वजह से हमारी बस से आगे वाला ट्रैक और हमारी बस दोनों बंद फाटको के बीच में फस गए, ट्रैक आगें वाली रेलवे लाइन पर और हमारी बस पीछे वाली रेलवे लाइन पर। तुरंत ही रेलगाड़ी की सिटी की आवाज़ भी सुनाई देने लगी। अब क्या था ट्रैक चालक और उसके सहयक एवं हमारी बस के चालक और परिचालक के हाथ- पैर फूलने लगे और वो सब फाटक बंद करने वाले व्यक्ति से बिनती करने लगे ।

हमारी बस की सारी सवारियाँ पहले ही उतर कर रेलवे फाटक पैदल पार कर चुकी थी। धीरे धीरे रेलगाड़ी की सिटी की ध्वनि तेज होती जा रही थी। असल में रेलगाड़ी उस ही पटरी पर आनी थी जिस पर ट्रैक का कुछ भाग था। सर्दी में ट्रैक चालक के पसीने छूट गए और अब तो वो रेलवे फाटक बंद करने वाले व्यक्ति के पैरो में गिर पड़ा। तुरंत रेलवे फाटक बंद करने वाले व्यक्ति ने उसे उठाया और कहा, "भाग कर ट्रैक चालू करो" और वो खुद भी भाग कर उस स्थान पर गया जहाँ से वो रेलवे फाटक बंद एवं खोलता था। रेलगाड़ी दिखाई देने लगी थी तुरंत फाटक खुला और केवल  करीब 15 सेकंड के अंतर से ही ट्रैक रेलगाड़ी से पहले निकल पाया ।

रस : अदभुत

# कड़की

मेरी जिंदगी में नौकरी को लेकर काफी उतार चढ़ाव रहे है । पहले नौकरी के लिए बहुत धक्के खाएं पर नौकरी समय पर नहीं मिली, फिर मिली तो बहुत अच्छा वेतन नहीं था । बहुत बार नौकरी का क्षेत्र भी परिवर्तित करना पड़ा । ऐसा समय भी रहा जब पहली नौकरी में मेरा वेतन ज्यादा था एवं उसके बाद वाली में कम । अथार्त मेरे अभी तक के व्यवसायिक जीवन में बहुत जल्दी जल्दी परिवर्तन हुए है । मेरी पहली नौकरी में भी, मुझे शुरुवात के छः माह तक बिना वेतन के कार्य करना पड़ा था ।

उस पहली नौकरी के दौरान ही मैं पुणे और मुंबई में नौकरी के कुछ और भी अवसर खोजने लगा । ऐसे ही एक बार में शनिवार के दिन पुणे से मुंबई के लिए निकल पड़ा। मैं सुबह के नौ बजे मुंबई के दादर पहुँच गया मैंने सोचा कुछ नास्ता कर लिया जाये तो मैंने वही पर एक वड़ा पाव खाया और चाय पी । फिर में निकल पड़ा अँधेरी की ओर क्योकि एक सूचना प्रौद्योगिकी के संगठन (Company) में एक नौकरी का बिना

नियोजित भेंट के चला आने वाला (Walk in) साक्षत्कार (Interview) था ।

मैं दोपहर के बारह बजे ही वहाँ से मुक्त हो गया। मैंने सोचा की थोड़ा मरीन ड्राइव ही घूम लिया जाये । मैं चल पड़ा अँधेरी के स्थानीय (Local) रेलवे स्टेशन की ओर ।

लोकल रेलगाड़ी में बैठे बैठे ही मैंने अपना बटुवा जाँचा तो मैं हैरान हो गया क्योकि मेरे बटुवे में केवल बारह रुपये ही थे । मैंने सोचा की कोई बात नहीं मरीन ड्राइव पर उतर कर एटीएम से निकल लूँगा क्योकि मेरे खाते में अभी  करीब दो हजार रूपये है । मैं मरीन ड्राइव स्टेशन पर उतर गया और चल पड़ा समुन्द्र की ओर । कुछ देर में, मैं मरीन ड्राइव के मोटे मोटे पथरो पर जा कर बैठ गया । तभी वहाँ पर सिंक दाना बेचने वाला आया। मैंने उसे रोका और उससे पूछने ही वाला था की सिंक दाना कितने का है तभी मुझे याद आया की मेरे पास तो बस बारह ही रूपये है । फिर मैंने उसे कहा ,"माफ़ करना भईया गलती से रोक दिया" फिर मैंने सोचा की पहले एटीएम पहुँच कर पैसे निकल लिए जाये। मैं गर्मी की दोपहर में पैदल मरीन ड्राइव से चर्नी रोड की ओर को चलने लगा । करीब दो कि. मी. चलने के बाद भी मुझे कोई एटीएम ना मिला। अब मैं बहुत ज्यादा थक चूका था मुझे तेज भूख भी लगी थी ।

ना तो मैं कोई टैक्सी कर सकता था ना ही लोकल ट्रेन समझ नहीं आ रहा था की क्या करूँ ? फिर मैं पूर्व दिशा की ओर जाती

एक सड़क पर चलने लगा। कुछ दूर आगे जाने पर मुझे एक बेहद सामान्य चाय की दुकान नज़र आयी । मैंने सोचा देखता हूँ शायद बारह रूपये में कुछ मिल जाये ।

मैंने उस दुकान के पास जा कर देखा तो पाया की वो गर्मागर्म बहुत छोटे आकर (लगभग ढाई इंच व्यास) की पूरिया बना रहा है। मैंने पूछा ," ये पूरी कैसे दी?" तो उसने बोला दो रूपये की एक ओर साथ में सब्जी मुफ़्त में" मैं बहुत खुश हुआ और मैंने उससे कहा, "भईया पाँच पूरी दे दो"

एक दोने में पाँच पूरिया और थोड़ी सी सब्जी लेकर मैं कही खड़े होने की जगह देखने लगा । मैंने पाया की सड़क पार करके आराम से खड़ा होकर उन पूरियो को खाया जा सकता है । मैं सड़क पार करने लगा पर तभी पीछे से एक रेहड़े वाला आया और उसने मेरे उसी हाथ पर टक्कर मारी जिसमे मैंने दस रूपये देकर लिया हुआ खाना पकड़ रखा था । वो पूरा खाना सड़क पर गिर गया । वो रेहड़े वाला मेरी ओर देखता हुआ आगे बढ़ गया । मेरी नज़र सड़क पर पड़ी छोटी छोटी पूरियो एवं सब्जी पर थी ।

मैं निराश होकर आगे बढ़ने लगा तभी मुझे एक एटीएम देखा। मेरी जान में जान आ गयी। पर वो एटीएम ख़राब था । मैं फिर निराश हो गया। करीब एक कि.मी. पैदल ओर चलने के बाद मुझे एक ठीक एटीएम मिला जिससे मैं पैसे निकल पाया ।

रस : शांत

चाय कुल्हड़ में

रस : शांत

# इंदौरी दालमोठ

सन 2007 में जब मैं पुणे में रहा करता था तो मेरे बड़े भाई हमारी कार से हमारे गृह नगर हरिद्वार से पुणे आये उनके साथ कुछ और लोग भी थे जब वो वापस जाने लगे तो उन्होंने मुझे भी पुणे से इंदौर तक कार से उनके साथ चलने को कहा । तो ये निर्णय लिया गया की मैं उनके साथ कार से पुणे से इंदौर जाऊँगा और फिर इंदौर से आगे वो कार से हरिद्वार चले जायेंगे और मैं वहाँ से बस से पुणे वापस आ जाऊँगा ।

पहली रात हम एलोरा में एक होटल में रुके और अगली सुबह वहाँ से इंदौर के लिए निकल पड़े। हम शाम के करीब पाँच बजे इंदौर पहुँचे। फिर भईया और मैने इंदौर में कुछ जगह घुमने का निर्णय किया। पर उससे पहले मैने भईया से कहा की, "पहले हमें मेरा इंदौर से पुणे वापसी का आज रात का बस का टिकट आरक्षित करा लेना चाहिए । तो मैंने इंदौर से पुणे तक का विलासिता युक्त (luxury) बस में उसी रात्रि नौ बजे का टिकट आरक्षित करवा लिया ।

हमने खाना खाया और मेरे भईया रात्रि में ठीक नौ बजे

मुझे अपनी कार से उस स्थान पर जहाँ से मैंने टिकट आरक्षित करवाया था वहां छोड़ कर चले गए। जैसे ही में उस व्यक्ति के करीब पहुंचा जिससे मैंने टिकट आरक्षित करवाया था उसने मेरी ओर देख कर कहा, "सर आप कहा थे आपका फ़ोन भी नहीं लग रहा था, बस अभी अभी निकली है" मैंने घबराट में कहा, "क्या पर अभी तो नौ ही बजे है बस को मेरा 10-15 मिनट इंतजार तो करना चाहिए था ना" उसने मुझे शांत करते हुए कहा," सर घबराये नहीं हम आपको बस पकड़वा देंगे अभी हमारी एक लोकल बस आने वाली है वो आपको यहां से करीब बीस किलो मीटर दूर वहां छोड़ देगी जहाँ पर आपकी मूल बस रुकी होगी रात के खाने के लिए"

लगभग पांच मिनट के अंदर ही एक बहुत ही खचड़ा बस आयी जिसमे सवारी भरी थी और जो बहुत धीरे धीरे चल रही थी। मरता क्या ना करता मैं उस बस में ही बोनेट पर बैठ गया। वो बस बहुत धीरे धीरे चल रही थी और थोड़ी थोड़ी दूर पर रुक कर सवारिया उतार रही थी और तो और अगर उस रास्ते में सड़क पर बस के आगे खड़ा कोई व्यक्ति दिख जाये तो बस का चालक बस रोक कर और होरन बजा बजा कर उससे इशारे से पूछता था की कहा जाना है । या तो बहार सड़क पर खड़ा व्यक्ति आ कर बस में बैठ जाता था या गर्दन या हाथ से मना कर देता था जो व्यक्ति कोई प्रतिक्रिया नहीं देता था तो परिचालक बस रुकवा कर उस व्यक्ति तक भाग कर जाता

और तमीज़ से उसे झिंझोड कर पूछता की कहाँ जाना है और उस व्यक्ति के मना करने के बाद ही वापस आता। करीब दस बज गए थे और वो बस पांच कि मी ही चल पायी थी। मैंने चालक एवं परिचालक से बिनती भी कि की मेरी बस छूट जायगी तो उन्होंने बोल दिया ,"Don't worry sir"

तभी सीधे हाथ की ओर एक मंदिर आया तो बस चालक ने बस रोक कर बस के परिचालक से कहा ,"यार दिनेश आज मंगलवार है जा सामने मंदिर में पांच रूपये का प्रसाद चढ़ा कर आ और सब को बाट दे। हम लोग करीब पांच मिनट वही रुकी हुई बस में बैठे रहे। फिर मेरे सहित सब ने बड़ी श्रद्धा से प्रसाद खाया। बस फिर चल पड़ी, मेरे बराबर में बैठा व्यक्ति भी मेरी समस्या से अवगत था तो वो बोला, "भाई साहब चिंता मत करिये अब हम लोग शहर से बहार पहुंच गए है अब बस तेज चलेगी और रुकेगी भी कम" यह सुनकर मेरा चित्त थोड़ा शांत हुआ। तभी बस के चालक के मोबाइल फ़ोन पर किसी का कॉल आ गया उसने बस एक तरफ रोकी और बात करने लगा। वो फ़ोन पर क्या बात कर रहा है इस पर मैंने कोई ध्यान नहीं दिया। मेरा ध्यान उसकी ओर तब गया जब उसने बस के परिचलक को आवाज़ लगा कर कहा," यार दिनेश तुने याद क्यों नहीं दिलवाया शर्मा अंकल का फ़ोन था उनका कुछ सामान जाना था, वो उस जगह पहुंच हुए है जहां पहुंचने के लिए हमने उन बोला था" दिनेश ने तुरंत कहा, "यार दस पन्द्रह

मिनट की बात है बस वापस घुमा ले, अब इस उम्र में शर्मा अंकल कब तक खड़े रहेंगे" मैंने विरोध भी करना चहा की मेरी बस निकल जायगी पर और किसी ने मेरी बात का समर्थन नहीं किया और सब मुझे ही समझाने लगे की डरो मत बस मिल जायगी। फिर बस वापस मुड़ी शर्मा अंकल का सामान लिया और करीब रात्रि के 10:35 पर हम फिर वही थे जहां से बस के चालक ने बस को वापस मोड़ा था।

मुझे पूरा यकीन हो गया था की अब मुझे पुणे की बस नहीं मिलेगी तो मैंने गुस्से में बस के चालक से बोल दिया था की अगर आज मेरी बस छूटी तो मैं उसके घर ही जा कर सोऊंगा। इस पर वो खुशी ख़ुशी तैयार हो गया था। पांच मिनट बाद बस के परिचलक से मुझसे कहा, "सर बस एक कि मी और रह गया वो होटल जहाँ आपकी बस मिलेगी। बस थोड़ी सी और चली और चालक ने फिर रोक दी और परिचलक को कहा, "यार वो सामने बाबा की दरगाह है जा एक रुपया वहा रख आ। खैर रात्रि के 11 बजे हम लोग शहर के बहार एक होटल पर पहुंच, जहाँ एक विलासिता युक्त बस खड़ी थी और जिसकी सारी सवारी बस ने नीचे उतरी हुई सड़क की ओर को देख रही थी। मैं तुरंत खचड़ा बस से उतरा चालक, परिचलक को धन्यवाद दिया और अपनी पुणे की बस की ओर बढ़ने लगा। सब सवारी मुझे ही देख रही थी और बोल रही थी, "इस ही की वजह से इतनी देर हुई है"

रस : रौद्र

# जैसे को तैसा

सन 2011 के अंत से 2014 तक मैंने भारतीय सरकार की एक परियोजना में उत्तराखंड सरकार के साथ काम किया था । उत्तरखंड सरकार के उस विभाग 'शहरी विकास' में कई सारे अनुभवी मध्य और उच्च उम्र के व्यक्ति भी स्थायी रूप से कार्यरत थे । जबकि भारत सरकार द्वारा मेरे जैसे कम उम्र के कुछ व्यक्ति अस्थायी तौर पर परियोजना के तहत नियुक्त थे। तो सारे नहीं पर ज्यादा तर स्थायी कर्मचारी हम लोगो से इस लिए थोड़े खीजे रहते थे की हम कम उम्र के लोगो को उन ज्यादा- ज्यादा उम्र के लोगो से अधिक वेतन मिलता था ।

हमारे कार्य की समीक्षा परियोजना के अपर निदेशक और निदेशक द्वारा की जाती थी निदेशक एक IPS/PCS अधिकारी थे। मैं परियोजना में सूचना प्रौद्योगिकी अधिकारी के तौर पर नियुक्त किया गया था ऐसे ही मेरे एक साथी 'अनुज चतुर्वेदी जी' को मानव संसाधन अधिकारी नियुक्त किया गया था ।

पूरा शहरी विकास का दफ़्तर एक किराये के मक़ान की पहली मंजिल पर स्थित था ।

उस पहली मंजिल पर कुल 6 कमरे थे जिसमे से चार में विभाग के अन्य कर्मचारी बैठते थे एवं पांचवे में उप निदेशक एवं छठा कक्ष निदेशक साहब के लिए आरक्षित था तो हम दोनों अनुबंध वाले लोगो अर्थात मेरे एवं 'अनुज चतुर्वेदी जी' के बैठने के लिए कोई स्थान नहीं था । बहुत अनुरोध करने के बाद निदेशक साहब ने हम दोनों के लिए पांचवे और छठे कक्ष को जोड़ने वाले बीच के खाली स्थान जहां पर विभाग का शौचालय था, में बैठने की व्यवस्था करवा दी । वह एक छज्जा नुमा स्थान था अथार्त जहाँ से नीचे का भूतल दिखाई देता था । तो हम दोनों के बैठने के स्थान के एक ओर उप निदेशक साहब का कक्ष था एवं दूसरी ओर अपर निदेशक साहब का और हम दोनों उन दोनों कक्षों को जोड़ने वाले बीच के छज्जे जिसमे एक शौचालय भी बना था में बैठते थे । हमारे दफ्तर का समय हफ्ते में 6 दिन सुबह दस बजे से शाम के पांच बजे होता था ।

सामान्य तौर पर अपर निदेशक साहब शाम के साढ़े चार- पांच बजे आते थे और फिर दफ़्तर में रात 8 बजे तक बैठे रहते थे। किसी भी कर्मचारी की इतनी हिम्मत नहीं होती थी की निदेशक साहब के दफ़्तर में बैठे रहते कोई दफ़्तर से जा सके। क्योकि मै अपने मूल निवास स्थान हरिद्वार से रोज दफ़्तर, जो की देहरादून में स्थित था बस से आया जाया करता था जिसमे एक ओर से करीब दो घंटे का समय लगता था, इसलिए अपर निदेशक साहब की यह दिनचर्या मुझे बहुत परेशान

करती थी। ऐसे ही एक दिन जब मुझे दफ़्तर से घर जल्दी पहुंचना था और मैंने सवा पांच बजे दफ़्तर से निकलने की सोची उस दिन अपर निदेशक साहब पौने पांच बजे दफ़्तर आ गए।

मुझे लगा की अब कैसे दफतर से निकल पाऊँगा। मैं बार-बार प्रयत्न करता, कभी उप निदेशक साहब के कक्ष की ओर जाता और कभी अपर निदेशक साहब के कक्ष की ओर। इसी तरह साढ़े पांच बज गए उस दिन मेरा घर जल्दी पहुंचना जरूरी था। मैंने सोचा अगर अपना दफ़्तर का रोज का थैला लेकर उप निदेशक या अपर निदेशक साहब के कक्ष से निकलूंगा तो वो मुझे टोक कर रोक देंगे पर अगर खाली हाथ गया तो वो सोचेंगे की दफ़्तर के दूसरे कक्ष में किसी से परियोजना से सबंधित वार्तलाप करने जा रहा हूँ। फिर मुझे एक उपाय सूजा। मैंने अपने समित्र 'अनुज चतुर्वेदी जी' से कहा "चतुर्वेदी जी मैं खाली हाथ नीचे जा रहा हूँ आप पांच मिनट के अंदर मेरा दफ़्तर का थैला इस छज्जे से नीचे फेंख देना। 'अनुज चतुर्वेदी जी' ने वैसा ही किया। अगले दिन मुझे 'अनुज चतुर्वेदी जी' ने बताया की कल निदेशक साहब साढ़े आठ बजे तक बैठे रहे पर कल उन्होंने तुम्हारे विषय में नहीं पूछा और वो इस भ्रम में ही रहे की तुम भी दफ़्तर में ही बैठे हो।

रस : वीर

# Death

मेरी बहन की शादी सन 2006 में हुई थी शादी के कई दिनों पहले से रस्मे, मौज मस्ती शुरू हो गयी थी । पापा ने सब को उनके- उनके हिस्सों के कार्य बाट दिए थे घर में कई रिश्तेदार भी आये हुए थे। ताऊ, चाचा, मामा, मौसी आदि सब एवं उनके बच्चे भी। रात भर हम सब भाई- बहन बहुत मौज ओर धमा चौकड़ी करते । एक सप्ताह के लिए घर में सब के लिए खाना आदि बनाने के लिए हलवाइयों का एक जथा घर पर ही उपस्थित था ।

मेरी एक मौसी का एक सबसे बड़ा लड़का था जिसका नाम 'गगन' था वो सबसे अलग ही था । वो हर स्तर पर जुड़कर बहुत काम करवाता था । और मेरी बहन की शादी में भी वो बहुत काम कर रहा था। वो कभी भी यह नहीं देखता था की काम छोटा है या बड़ा। कभी वो गैस का सिलिंडर अपने सर पर रखकर ढो कर ला रहा होता था तो कभी सफाई करवा रहा होता था ।

बाकि और भाई बहन मौज मस्ती, खाने-पीने के समय

कोई काम नहीं करते थे पर गगन कोई मौज मस्ती भी नहीं करता था और तो और अगर किसी और का भी काम हो तो वो भाग कर उसे भी करवा देता था ।

मेरी बहन की शादी के समय जब बारात आने वाली थी तब सब लोग सजने सवरने में व्यस्त थे मैं भी तब नए कपड़े पहन कर बारात के स्वागत के लिए तैयार हो रहा था तभी मैंने देखा की गगन अपने पुराने कपड़े ही पहने हुए उधर की ओर को जा रहा है जहाँ पर बारात के रात में रुकने की व्यवस्था की गयी थी। मैंने गगन से कहा, "भाई गगन बारात के आने का समय हो गया और तुने अभी भी कपड़े नहीं बदले? चल तू भी जल्दी से नए कपड़े पहन कर तैयार हो जा" तो गगन ने कहा, "भईया जी बस बारात के रुकने की जगह गद्दे, बिस्तर आदि पहुंचा दू और देख लू सब ठीक है क्या फिर तैयार हो जाऊंगा, भईया जी आज आप मुझे पहनने के लिए अपनी सफेद वाली जैकेट दे देना" मैंने कहा,"हां जल्दी आ जा निकाल देता हूँ"

बहन की शादी ठीक से हो गयी। शादी के करीब 10 दिनों के बाद जब मेरी बहन हमारे घर आयी हुई थी तब शाम को अचनाक घर में रखे तार रहित (Cordless ) फ़ोन की घंटी बजी । फ़ोन दीदी ने ही उठाया जैसे ही उन्होंने फ़ोन पर बात करनी आरम्भ की 1 मिनट के अंदर ही उनके हाथो से फ़ोन छूट कर नीचे गिर गया और वो रोने लगी। एक दम से सब घर वाले उनके पास आकर घबरा कर पूछने लगे की क्या हुआ किसका

फ़ोन था। तो उन्होंने कहा मामा का।

पापा ने तुरंत मामा को फ़ोन किया तो उन्होंने बताया की गगन जिस फैक्ट्री में काम करता था वहां एक जगह निर्माण कार्य चल रहा था जिसे गगन खड़ा देख रहा था, अचनाक पीछे से एक मिट्टी के ट्रैक ने मिट्टी धरती पर गिरनी शुरू का दी, ट्रैक चालक ने यह नहीं देखा की पीछे कोई खड़ा भी है। कुछ पलों के अंदर ही टनों मिट्टी गगन के ऊपर गिर पड़ी और वो वही मर गया । गगन की उम्र मेरे बराबर ही थी आज भी हम सब उसे बहुत मिस करते है ।

रस : करुण

# Saturday Night

यह घटना अगस्त 2018 की है जब मैं दिल्ली में नौकरी करता था। उस परियोजना में मेरा किराये का कमरा मेरे उस दफ़्तर से मात्र ढाई कि. मी. की दूरी पर था। असल में वो एक इमारत की दूसरी मंजिल थी जिसका कुल क्षेत्रफल लगभग 400 वर्ग मीटर था। उस चार मंजिला इमारत में हर एक मंजिल अलग अलग व्यक्ति ने ख़रीद रखी थी और सबने अलग अलग परिवारों को किराये पर दे रखी थी।

बात 2 अगस्त 2018 की है मैं एक सामान्य दिन अपने दफ़्तर में था, दिन में करीब दो बजे मुझे मेरी पत्नी ने मोबाइल फ़ोन पर एक वीडियो भेजा, जिसमे एक बड़ी JCB मशीन एक घर के कोने की जर्मीन से पत्थर निकाल रही थी। मैंने उस वीडियो पर ज्यादा ध्यान नहीं दिया उसके दो मिनट बाद ही मेरी पत्नी का मुझे फ़ोन आ गया, उसने कहा, "वो वीडियो देखा, वो हमारे घर से दायी ओर वाले उस घर का है जिसे पूरा गिराया जा रहा है नयी इमारत बनाने के लिए, आज तो उन लोगो ने हमारे घर की तरफ वाले भाग से JCB द्वारा नींव का

पत्थर ही निकाल दिया और जब उन्होंने ऐसा किया तो हमारे घर में बहुत ज्यादा कम्पन्न हो रहा था", मैंने कोई बहुत ज्यादा प्रतिक्रिया नहीं दिखाई।

उसी रात जब में खाना खा रहा था तो अचानक आवाज आयी घर्र घर्र रार रार, इस आवाज को सुन कर मैं और मेरी पत्नी घबरा गए। मैंने खाना खाते हुए ही बीच से उठ कर बहार बालकनी से नीचे की ओर को देखा लकिन मुझे वहां कुछ दिखाई नहीं दिया। मैं करीब पांच मिनट और वही खड़ा रहा अचनाक फिर से वो ही आवाज घर्र घर्र रार रार आयी। मैंने अनुभव किया की वो आवाज हमारी इमारत के बायीं ओर से आ रही है मैंने तुरंत इमारत से नीचे जा कर सड़क पर से हमारी इमारत और उसके बायीं ओर के मकान के मिलान स्थान को देखा तो मैं दंग रह गया क्योकि दोनों के बीच नीचे से तो कोई फ़ासला ना था पर वो फांसला ऊपर की ओर को बढ़ता जा रहा था अथार्त भूतल पर दोनों इमारते जुड़ी हुई थी, पहली मज़िल जिस पर हम रहते थे वहां पर वो फांसला लगभग आधे इंच का था दूसरी मंजिल जिस पर मेरे दफतर का ही मेरा एक साथी रहता था वहां पर वो फासला बढ़ कर करीब एक इंच था और इसी तरह और ऊपर की ओर बढ़ रहा था।

मैंने तुरत अपने दफ्तर के साथी जो की मेरे से ऊपर की मंजिल पर रहते थे को फ़ोन किया और नीचे बुला लिया। हम दोनों ने पाया की हमारी इमारत और उसके बायीं ओर के

घर के बीच सुबह हमारी इमारत से दायीं ओर के मकान को गिरा कर JCB ने जो हमारी इमारत की नींव का पत्थर हिला कर निकला था उस वजह से हमरी इमारत दायीं ओर को झुकने लगी है अथार्त बायीं ओर के मकान के विपरीत दिशा में, और दोनों के बीच के खाली स्थान में ऊपर से छोटी छोटी बजरी गिर रही है जिनकी आवाज घर्र घर्र रार रार करके आ रही है। हम लोग सो गए। अगली शुक्रवार की सुबह हमारे से ऊपर की मंजिल पर रहने वाले मेरे मित्र अनीश जी का फ़ोन आया और उन्होंने मुझे अपनी मंजिल की बालकोनी में बुला लिया और फिर हमने नापा की उनकी मंजिल पर हमारे मकान और बायीं और के मकान के बीच की दरार बढ़ कर चार इंच हो गयी थी। अब हम लोगो को डर लगा हम लोग डरते डरते दफ्तर चले गए हमारे परिवार दिन में वही थे शाम को आ कर हमने फिर मापा तो दोनों मकान के बीच की दरार दूसरी मंजिल पर पौने पांच इंच हो गयी थी।

शनिवार छुट्टी के दिन हम लोगो ने जल्द ही उस इमारत को खाली करने का निर्णय लिया। लकिन शनिवार की रात हमारे लिए सबसे डरावनी रातो में से एक निकली। में अपने परिवार के साथ पूरी रात बैठा रहा और पूरी रात घर्र घर्र रार रार की आवाज आती रही हमे लग रहा था की आज रात ये इमारत जरूर गिर जाएगी और हम सब उसी में दबकर........., हर आधे घंटे बाद मुझे अनीश जी का फ़ोन आ रहा था और हर

बार वो ये ही बोल रहे थे की, "आशीष जी, अब दरार पांच इंच हो गयी, अगले फ़ोन पर साढ़े पांच और इसी तरह पूरी शनिवार की रात डर के साये में गुजरी और हम जिन्दा बचे रहे और फिर रविवार को हमने अपने मित्रो के घर शरण ली जबकि हमारा सामान उसी इमारत में रहा। फिर दो तीन दिनों के अंदर ही हम दोनों परिवारों ने वो इमारत छोड़ दी।

रस : भय

# कचड़ा

मार्च 2014 से मार्च 2015 तक मैंने विश्व बैंक निधि द्वारा पोषित उत्तराखंड आपदा वसूली परियोजना में सूचना प्रौद्योगिकी सलाहकार के पद पर कार्य किया था वह एक समय निर्धारित परियोजना थी जिसमे मैं उत्तरखंड सरकार की ओर से कार्यरत था हमे विश्व बैंक के सलाहकारो के साथ मिल कर उत्तरखंड में 2013 में आयी आपदा के बाद प्रभावित लोगो और स्थानों को सरकार द्वारा वापस मूलभूत सुविधाएं उपलब्ध कराना था, हम को किये गए कार्यो का दैनिक अद्यतन एक वेबसाइट पर उपलब्ध कराना होता था।

इसी क्रम में हमने एक इंटरनेट पोर्टल बनाया था जिस पर हम रोज निर्माण और किये गए कार्यो के दैनिक अखाड़े उपलब्ध कराते थे।

एक बार मेरे बॉस ने मुझे हमारे परियोजना स्थल के 'परियोजना प्रबंधन इकाई' से उत्तरखंड सचिवालय जाने को कहा, क्योकि वहाँ पर भारत सरकार के सूचना प्रौद्योगिकी विभाग के कुछ लोग इसी परियोजना पर कार्य कर रहे थे

जिनके साथ ही मुझे भी कार्य करना था। मैं हमारी 'परियोजना प्रबंधन इकाई' से करीब दोपहर में तीन बजे उत्तरखंड सचिवालय पहुंचा, वहां मैंने देखा की एक बड़े से कक्ष में करीब 80-90 लोग बैठे हुए कंप्यूटर पर प्रोग्रामिंग कर रहे है। वो सब उत्तरखंड सरकार की विभिन्न अलग अलग परियोजनाओं में कार्यरत थे। मैं वहाँ पर हमारी परियोजना के दो लड़को से मिला। मैं वहाँ करीब शाम के छः बजे तक रुका पर मुझे ना तो काम करने के लिए कंप्यूटर मिला और ना ही बैठने के लिए जगह। मैं छः बजे वहाँ से निकल गया और करीब साढ़े छः बजे देहरादून से अपने घर हरिद्वार की बस पकड़ ली।

करीब पौने सात बजे जब मैं बस में ही था मुझे अपरिचित नंबर से फ़ोन आया और फ़ोन करने वाला बोलने लगा, "तुम्हारी मेरे से पूछें बिना दफ्तर छोड़ने की हिम्मत कैसे हुई?" मैंने कहा, "आप बोल कौन रहे है मैं तो आपको जानता भी नहीं" तो उसने कहा," मैं इस परियोजना में सूचना प्रौद्योगिकी मुखिया हूँ, तुम इतनी जल्दी गए क्यों?" मैंने फ़ोन पर कहा भी," सर मैं आज तक आपसे नहीं मिला ना ही आपसे पहले कभी फ़ोन पर या e-मेल पर बात हुई, आप मेरे सपने में भी नहीं आये और...." वो भड़क गया और कहने लगा, "अब अंजाम भुगतना, और उसने फ़ोन काट दिया"

अगले दिन से मेरे बॉस ने मुझे आदेश दे दिया की मुझे एक सरकारी आवासी इमारत में ही बैठना है जिसके भूतल पर

ही इस परियोजना का सूचना प्रौद्योगिकी विभाग है और उस इमारत की पहली मंजिल पर इस परियोजना के सूचना प्रौद्योगिकी के करता धर्ता रहते है अब से वो ही तुम्हारे बॉस है। मैं समझ गया की ये उसी आदमी के विषय में बात कर रहे है जिसका कल मुझे बस में फ़ोन आया था। मेरे पास कोई विकल्प ही नहीं था, अगले दिन से मैंने वहां जाना शुरू कर दिया। वो मुझे बहुत ज्यादा परेशान करने लगे, जिस तकनीक पर मुझे काम करना आता था उसे उन्होंने उपयोग करने से मना कर दिया और किसी अन्य तकनीक पर काम करने को कहा, मैं तैयार हो गया, मैंने सोचा की इंटरनेट से पढ़-पढ़ कर उस नयी तकनीक को सीख लूंगा।

वो आते और बोलते तुमने अभी तक नहीं किया और इंटरनेट का तार निकल देते और बोलते तुम्हे कुछ नहीं आता। एक बार हमारे पोर्टल की एक गतिविधि मैंने अपने घर के कंप्यूटर पर इंटरनेट से समझ कर उन्हें उसे कार्यन्वित करने को कहा, तो उन्होंने कहा, "नहीं ये लॉजिक गलत है तुम्हे ऐसे नहीं करना जैसे मैं बोलता हूँ वैसे ही करो" जो उन्होंने बताया वो लॉजिक असंभव और काल्पनिक था। वो बोलते की तुम बस 'कचड़ा' हो। बाद में तो उन्होंने ऐसा करना शुरू कर दिया की मुझे पूरा दिन ऐसे ही बैठा कर रखते और शाम को पांच बजे काम देते और बोलते ये आज ही पूरा करना है और वो काम भी ऐसा होता जो दो दिनों में भी पूरा होना असंभव हुआ करता। मेरी तो

जिंदगी ही 'कचड़ा' हो गयी थी उस समय.............

रस : वीभत्स

# Local Hero

बात 2013 की है जब मैं शादी के बाद अपनी पत्नी के साथ केरल गया हुआ था । जिस दिन हम लोग केरल पहुंचे उसके अगले दिन से हमे मुनार में और आस पास कई जगह घूमने जाना था।

अगले दिन सुबह सुबह जिस रिसोर्ट में हम रुके हुए थे मैं उसके बहार किसी टैक्सी वाले को ढूंढ़ने गया जो की हमे अच्छी तरह से केरल भ्रमण करा सके। रिसोर्ट के मुख्य प्रवेश पर ही दो तीन टैक्सी खड़ी थी मैंने पहली ही खड़ी टैक्सी के पास जा कर इधर उधर देखा पर मुझे कोई दिखाई ना दिया। जैसे ही मैं आगे दूसरी टैक्सी की ओर बढ़ने को हुआ एकदम पीछे से आवाज़ आयी what happen sir मैंने पीछे मुड़ कर देखा तो एक लम्बा गाढ़े रंग का व्यक्ति जिसकी बहुत अच्छी मांसल भुजाये थी और जिसने हलके नील रंग की जैकेट और लाल रंग का चश्मा लगा रखा था वो मेरी ओर आ रहा है। मैंने उसकी तरफ देख कर कहा are you the driver of this taxi (क्या तुम ही इस टैक्सी के ड्राइवर हो?)

उसने कहा," yes, my name is Murli, please tell me how I can help you (हां मेरा नाम मुरली है, बताइये मैं आपकी क्या सहायता कर सकता हूँ?)

फिर मैंने उससे केरल के कुछ भागो को घूमने से सम्बंधित बात कर ली और एक घंटे बाद मैं और मेरी पत्नी आ कर उसकी टैक्सी में बैठ गए और चल पड़े मुनार बाजार की ओर। मुरली बहुत ही हसमुख और जीवन से भरा हुआ था उसकी टैक्सी जहाँ से भी गुजर रही थी लोग रुक रुक कर उसे नमस्ते, सलाम आदि कर रहे थे। वो टैक्सी भी एक दम हीरो की तरह ही चला रहा था एक जगह पहाड़ पर जहाँ अगर दूसरी कार आ जाये तो बचने के लिए जगह बहुत कम थी वहां उसने बहुत तेजी से गाड़ी पीछे की ओर को चल कर एक पहाड़ पर चढ़ा दी हम लोग डर गए पर उसने कहा "Don't worry sir(घबराये नहीं श्री मान)"

मुरली हिंदी नहीं जनता था पर अपनी टैक्सी में शारुख खान के हिंदी गाने चला कर रखता था। कुछ दूर जाने पर हमने देखा की कुछ लोग मुरली को हाथो से इशारा करके बुला रहे है उसने टैक्सी रोकी और कहा "one minute sir(एक मिनट श्रीमान)" और फिर उस ओर चला गया जहाँ पर लोग उसे बुला रहे थे। मैंने देखा की वो अपने बाजू की ताकत से एक फसी हुई कार को निकलवाने में कुछ लोगो की सहयता कर रहा है।

कुछ ओर आगे चलने पर मैंने देखा की एक पंक्ति में

बैठे कुछ लोग अन्नानास को काट कर बेच रहे है। मैंने देखा वो सब बेचने वाले मुरली को रुकने का इशारा कर रहे है। एक जगह मुरली ने टैक्सी रोकी तो कुछ लोग भाग कर आये और मुरली से प्राथना करने लगे की वो उनका अन्नानास खा ले। मुरली ने एक अन्नानास वाले से कुछ टुकड़े अन्नानास के ले लिए और वो अन्नानास वाला बिना पैसे लिए ही बहुत ज्यादा खुश होकर वापस चला गया। मैं हैरान था, कुछ देर बाद मुरली ने टैक्सी एक साधारण से कच्चे मकान के सामने रोकी और भाग कर अपनी गोद में एक छोटे बच्चे को उठा लाया और हमे दिखाते हुए बोला "Sir, this is my son (श्रीमान ये मेरा पुत्र है)"। हमने उसके पुत्र को आशीर्वाद दिया। फिर उसने बताया की उसने प्रेम विवाह किया है।

फिर दोपहर को खाने के लिए उसने टैक्सी एक होटल पर रोकी, मैं मन में सोच ही रहा था की इसे यहाँ पर सब लोग जानते है और इससे बात तक करने में ख़ुशी अनुभव करते है, आखिर कौन है ये? फिर मैंने होटल वाले से पूछा तो उसने बताया की वो एक अनाथ है और आर्थिक रूप से बहुत ही साधारण है पर अपनी कमाई में से वो पूरे दिन के खाने में उसे, उसकी पत्नी और उसके बच्चे को जितने पैसो की जरूरत होती है उतना रख कर बाकि सब जरूरतमंदो को दान दे देता है और तो और उसने अपनी ज़मीन भी बेच कर उसके पैसे गरीबो में बाँट दिए थे, ये सुन कर मेरा गला सूख गया था मेरे पास कुछ

भी बोलने को नहीं था बस मेरे मन में एक ही शब्द गूंज रहा था
"Local Hero"

रस : श्रृंगार

# भैंस का इंसानो के आगे बीन बजाना

बात तब की है जब मैं छोटा था। वो समय जब छोटे शहरो में लोग अपने घरो में गाय, भैंसे आदि जानवर पाला करते थे। सामान्यतः वो लोग अपने घर का एक भाग कच्चा छुड़वा देते थे जिससे की उनके द्वारा पाले जाने वाले घरेलू जानवरो को कोई पेशानी ना हो। उस समय हमारे शहर के कई मौहल्लो के कई घरो में भी गाय एवं भैंसे पाली जाती थी। हमारे मौहले में भी कई लोगो के यहां गाय एवं भैंसे थी।

हमारे घर के सामने महिपाल सिंह का घर है उस समय वो भी अपने घर के एक भाग में भैंसे पालते थे जिससे की ताज़ा दूध मिल सके।

एक शाम हमारे घर में से किसी ने ध्यान दिया की शाम के करीब सात बजे अचनाक महिपाल सिंह के घर से भैंस के बोलने की आवाज़ भैं भैं भैं आने लगी वो आवाज़ इतनी तेज थी की कुछ देर में ही सबको चुभने लगी।

लगभग एक घंटे तक महिपाल सिंह की भैंस भैं भैं भैं करती रही और घर में सबके सिरों में दर्द कर दिया। खैर करीब

एक घंटे बात भैंस ने भें भें भें करना बंद किया तब जाकर आराम मिला। अगले दिन शाम को लगभग फिर उतने ही बजे महिपाल सिंह की भैंस ने फिर से भें भें भें करना शुरू कर दिया। उस दिन तो उनके दूसरे पड़ोसी ओमवीर सिंह ने जा कर महिपाल सिंह को बोला भी की "आपकी भैंस ने सबको परेशान कर रखा है हमारे घर में मेरी माता जी की तबियत खराब है और जैसे ही वो सोने की कोशिश करती है तुम्हारी भैंस की भें भें भें की आवाज़ उन्हें उठा देती है"

महिपाल सिंह ने कहा," भाई इसमें में क्या कर सकता हूँ मैंने कई प्रयास करके देख लिए आप चाहे तो आप भी अपनी ओर से प्रयत्न करके देख ले।

ओमवीर सिंह ने काफी प्रयत्न किया भैंस को डराया, धमकाया, प्यार से उसके ऊपर हाथ फेरा पर उसने भें भें भें करना बंद नहीं किया। जिससे ओमवीर सिंह झल्लिया कर वापस अपने घर चले गए। धीरे धीरे अब ये रोज को कार्यक्रम हो गया था की हर शाम महिपाल सिंह की भैंस भें भें भें करना शुरू कर देती थी और करीब एक घंटे बाद अपने आप ही भें भें भें बोलना बंद करती थी ।

अब तो मौहल्ले के कई घर जिनके घर महिपाल सिंह के घर के आस पास थे महिपाल सिंह की भैंस के रोज के भें भें भें से परेशान हो गाये थे। एक बार तो कुछ लोगो ने रात को चुपके से महिपाल सिंह के भैंस की खूटे से बंधी रस्सी को खोल

कर भैंस को भगाने का भी प्रयास किया पर तुरंत भैंस बोल पड़ी 'भें भें भें'। किसी की भी समझ नहीं आ रहा था की क्या करे। महिपाल सिंह खुद बहुत पेशान थे क्योकि मौहल्ले वालो ने उन्हें अंतिम चेतावनी दे दी थी की या तो वो भैंस का बोलना चुप करवाए या फिर भैंस को मौहल्ले से बहार कही छोड़ कर आये। ऐसी ही एक शाम जब भैंस ने बोलना शुरू किया तो ओमवीर सिंह ने भैंस की आवाज़ को दबाने के लिए एक उपाय किया उन्होंने अपने टेपरेकॉर्डर पर बहुत तेज आवाज़ में गाने बजाने शुरू कर दिए जिससे की गानों की आवाज़ में भैंस के भें भें भें करने की आवाज़ दब जाये।

अब तो मौहल्ले वाले दुगने परेशान हो गाये एक तरफ महिपाल सिंह की भैंस की भें भें भें की आवाज़ और दूसरी ओर ओमवीर सिंह के तेज गानों की आवाज़। तभी महिपाल सिंह ने अनुभव किया की जब जब ओमवीर सिंह द्वारा बजाए जा रहे गानों की आवाज़ कम होती है या गाने रुकते है तो भैंस तेजी से भें भें भें करती है एवं जब गानों की आवाज़ तेज आती है तब भैंस कोई आवाज़ नहीं करती। बस फिर क्या था महिपाल सिंह को आईडिया मिल गया। अगले दिन ही महिपाल सिंह एक नया टू इन वन खरीद लाये और हर शाम जैसे ही उनकी भैंस भें भें भें करना शुरू करती वो उस टू इन वन को भैंस के कानो के पास रख कर उस पर गाने बजा देते जिससे की भैंस भें भें भें करना बंद कर देती। इस तरह से मौहल्ले में फिर से शांति का

वातावरण रहने लगा ।

रस : हास्य

# जीवनदान

मेरा एक बहुत अच्छा मित्र है 'भगवती' वह देहरादून में रहता है वह भगवान और पूजा-पाठ में बहुत ज्यादा विश्वास रखता है। वह माता का बहुत बड़ा भगत है और सुबह शाम पूजा किये बिना कुछ भी नहीं खाता-पीता है मूलतः उसका पैतृक गांव केदारनाथ के आस पास है। भगवती के गले में साक्षत देवी सरस्वती विराजती है वो बहुत अच्छा गायक भी है एवं माता के जागरण भी करता है।

सन 2018 में मैंने और भगवती ने केदार नाथ जी के कपाट खुलने के समय दर्शन करने का निर्णय किया।

मंदिर के कपाट अप्रैल के अंत में खुलने थे। मैंने और भगवती ने गौरी कुंड तक अपनी कार में जाने का निर्णय किया। दोपहर के करीब 12 बजे हम दोनों ने गौरी कुंड से पैदल केदारनाथ की यात्रा शुरू कर दी ।

हम करीब दो तीन किलोमीटर ही चले थे की अचानक तेज बारिश शुरू हो गयी और हमारी केदारनाथ जी की ओर जाने की रफ़्तार भी धीमी हो गयी। हम दोनों पूरी तरह से बारिश में भीगे

भीगे फिसलन भरे रास्ते से चल रहे थे रास्ते में बहुत से घोड़े और खच्चर हमारे मार्ग में अवरोध उत्पन्न कर रहे थे। रात के करीब नौ बज गए थे और हम दोनों अभी भी केदारनाथ जी के मंदिर से काफी दूर थे।

हम दोनों लिंचोली में थे तभी मेरे मित्र भगवती ने मुझ से कहा, "मित्र ऐसे तो बहुत समय लग जायेगा। यहाँ लिंचोली से एक छोटा रास्ता (Shortcut) मार्ग है अगर हम उस रास्ते से जाते है तो करीब डेढ़ किलोमीटर कम पड़ेगा" मैंने अचरच से कहा, "यार रात के इस समय किसी वैकल्पिक मार्ग से जाना ठीक नहीं है" फिर भगवती ने मुझे समझया के वो पहले भी उस वैकल्पिक मार्ग से जा चूका है लकिन दिन के समय। असमंजस की स्थित में हम दोनों ने उस वैकल्पिक मार्ग से जाने का निर्णय लिया। थोड़ा आगे बढ़ने पर हमे एक अस्थायी चाय की दुकान दिखाई दी। भगवती ने उस चाय वाले से लिंचोली से केदारनाथ मंदिर तक जाने के वैकल्पिक मार्ग के विषय में पूछा, तो उस चाय वाले ने कहा," वो रास्ता यही इस बड़े पत्थर के पीछे से है पर इस समय उस मार्ग से जाना खतरनाक है इस समय इस मार्ग से कोई नहीं जाता, और आज कल उस मार्ग पर लोगो ने सफेद भालू के दिखाई देने की बात भी कही है" हम थोड़े डरे पर मन पक्का करके हम दोनों उसी मार्ग पर बढ़ने लगे। रात्रि के दस बजे थे और हम दोनों ऐसे पहाड़ पर अगले आगे बढ़ रहे थे जिसमे हम दोनों के अतरिक्त

और कोई दूर दूर तक नहीं था। चाँद की रोशनी में हम आगे बढ़ रहे थे कुछ आगे जा कर हम रुक गए क्योकि हमे झाड़ो के पीछे कुछ सफेद सा दिखाई दिया हमे लगा की वो सफेद भालू है जिसके विषय में चाय वाले ने भी हमे चेताया था।

हम डर गए क्योकि हम पहाड़ की ऐसी घाटी में थे जहां से वापस जाना भी मुश्किल था। हम दोनों दस मिनट तक वही खड़े रहे। पर जब हमने देखा की वो सफेद आकर्ति हिल डूल नहीं रही है तब हम लोगो ने धीरे से आगे बढ़ कर देखा तो पाया की वो भालू के आकार का एक सफेद पत्थर था। हम लोग फिर से आगे बढ़ने लगे और अब उस वैकल्पिक मार्ग पर चढ़ाई करने लगे। अचनाक ही मुझे बहुत डर लगने लगा। क्योकि उस रास्ते पर जिस पर रात्रि के दस बजे केवल हम दोनों आगे बढ़ रहे थे 2013 में केदारनाथ जी में आयी आपदा में मरे लोगो के कपड़े, जूते, बैग आदि पड़े थे । अचनाक ही मेरी साँस फूलने लगी और मेरा चलना मुश्किल हो गया। मैं दस कदम चलता और उस सुनसान रास्ते पर बैठ जाता मेरा मित्र मुझे ग्लूकोज खिलता और फिर मुझे हिम्मत बंधा कर चलने के लिए बोलता पर मेरी थकान एवं डर हर पल बढ़ रहे थे अब तो मैं बिलकुल भी नहीं चल पा रहा था और दो दो कदम चलने पर ही पत्थरो पर बैठने लगा जिनके चारो और आपदा में मरे लोगो की निशानिया बिखरी पड़ी थी। मेरी हालत देख कर भगवती भी थोड़ा डर गया। अब मुझे लगने लगा था की आज मेरा अंतिम

दिन है और अब मैं यही भगवान शिव के द्वार केदारनाथ में ही मर जाऊंगा। तुरंत ही भगवती ने माँ काली के मंत्रो का जाप शुरू कर दिया। भगवती द्वारा माँ काली के जापो एवं उसके द्वारा दी गयी हिम्मत द्वारा 15-20 मिनट में हम केदारनाथ जी के मंदिर के मुख्य मार्ग पर आ पहुंचे जहां से अन्य कई लोग भी मंदिर की ओर जा रहे थे सुबह के करीब एक बजे जैसे ही मैंने अपनी जिंदगी में पहली बार केदारनाथ मंदिर के दर्शन किये मेरी सारी थकान और डर स्वयं ही चले गए। उस दिन मुझे भगवती ने या फिर स्वयं शंकर भगवान ने जीवनदान दिया।

रस : अदभुत

# Catch-22

(कैच -22 एक विरोधाभासी स्थिति है जिसमें एक व्यक्ति विरोधाभासी नियमों या सीमाओं में बंध जाता है)

जिन दिनों में देहरादून में नौकरी करता था उन दिनों रोज अपने गृह नगर हरिद्वार से देहरादून तक बस या ट्रैकर (सवारी ले जाने का चौपहिया वाहन) से सफर करता था अन्य कई लोग भी थे जो रोज सुबह हरिद्वार से देहरादून अपने ऑफिस जाते थे एवं शाम को वापस आते थे। धीरे धीरे बाकि के कई लोगो से मेरी अच्छी जान पहचान हो गयी थी। हम लोग रास्ते भर बाते करते हुए जाते थे।

उनमे से एक सज्जन का नाम उमेश था वो उम्र में मेरे से करीब 15 साल बड़े थे एवं उत्तराखंड परिवहन विभाग में नौकरी किया करते थे। बसों में तो उनका स्टाफ चलता ही था, अथार्त उन्हें बस का टिकट नहीं लेना पड़ता था अपितु कोई भी ट्रैकर वाला उनसे पैसे नहीं लेता था।

कई बार ऐसा भी हुआ ही की जब ट्रैकर वाले को  ज्यादा सवारी नहीं मिलती थी तो उमेश जी अपनी ओर से उस ट्रैकर वाले को

दो -तीन सवारियों का किराया दे देते थे।

एक दिन उमेश जी मुझे बाज़ार में मिल गए उनके साथ एक 16 - 17 साल का लड़का भी था तो उमेश जी ने कहा, "आशीष जी ये मेरा छोटा लड़का हैं बहुत होशियार हैं, इस बार दसवीं में रह गया (फेल हो गया)" (कमाल हैं इतना होशियार हैं फिर भी दसवीं में फेल हो गया)।

एक दिन जब मैं हरिद्वार में उस स्थान पर पंहुचा जहां से देहरादून के लिए बस या ट्रैकर मिलता था तो बहुत तेज बारिश हो रही थी कोई बस भी नहीं आ रही थी उस दिन सवारिया भी ज्यादा नहीं थी। पास ही खड़े एक ट्रैकर वाले से मैंने कहा, "भाई जल्दी चलो ऑफिस को देर हो रही हैं" तो उसने कहा," भाई साहब अभी तो बस दो ही सवारिया हैं अभी कैसे चलूँ" तभी सामने से उमेश जी भी आ गए। मैंने उमेश जी से ट्रैकर वाले को दो- तीन सवारिया ही ले कर देहरादून ले जाने के लिए तैयार करने को कहा।

उमेश जी ने उस ट्रैकर वाले से कहा, "कालू यार आशीष जी को और हमे भी ऑफिस के लिए लेट हो रहा हैं तुम एक काम करो, गाड़ी बढ़ाओ, एक दो सवारी रास्ते में मिल जायँगी और अगर नहीं मिलेंगी तो हम दो सवारियों का पैसा देंगे"

कोई भी ट्रैकर चालक उमेश जी की बात नहीं काट सकता था तो कालू ने भी मरे मन से एक मुझे, एक अन्य सवारी को एवं एक उमेश जी को बैठा कर देहरादून की ओर को ट्रैकर बढ़ा

दिया, नेपाली फार्म तक भी कालू को कोई और सवारी नहीं मिली।

कालू बहुत उदास था जैसे ही ट्रैकर नेपाली फार्म से देहरादून की ओर को मुड़ा उमेश जी ने तुरंत ही अपनी जेब में से दो सवारियों के पैसे निकाल कर कालू को देते हुए कहा, "अरे भाई हम किसी का नुकसान नहीं देख सकते" मैं मन में सोच ही रहा था की उमेश जी कितने अच्छे इंसान हैं तभी लाल तपड़ की पुलिस चौकी आयी जिसके बहार बहुत सारी पुरानी गाड़िया खड़ी थी। तब ही उमेश जी ने उस पुलिस चौकी के बहार खड़े एक ट्रैकर की ओर इशारा करते हुए मुझसे कहा, "आशीष जी वो जो ट्रैकर खड़ा हैं ना वो हमने ही पकड़वाया हैं, वो हमसे किराये के पैसे मांग रहा था"

मैं शांत बैठा सोच रहा था "उमेश जी अच्छे हैं या बुरे"।

रस : शांत

# चोर

बात 2006 की है जब मैं पूना में अपने तीन साथियों के साथ रहा करता था वह तीनों एक ही कंपनी में काम करते थे जबकि मैं अलग कंपनी में काम करता था। उस समय मैं जिस कंपनी में काम करता था वह मुझे शुरुआत में वेतन या सैलरी नहीं दिया करते थे उन्होंने मुझे कंप्यूटर प्रोग्रामिंग द्वारा एक प्रोजेक्ट बनाने को दिया और उस प्रोजेक्ट के प्रदर्शन (performance) के हिसाब से ही वह मुझे आगे सैलरी देने वाले थे।

मैंने उस प्रोजेक्ट को पूरा करने के लिए अपने पापा से पैसे लेकर एक बहुत अच्छा एकदम एडवांस कॉन्फ़िगरेशन वाला लैपटॉप खरीद लिया, मैं रातों को जाग जाग कर कंप्यूटर प्रोग्रामिंग करता था और उस प्रोजेक्ट पर काम कर रहा था। उस समय मैं और मेरे 3 साथी एक कमरे में नीचे बिस्तर बिछा कर सोया करते थे मैं देर रात तक अपने लैपटॉप पर प्रोग्रामिंग करता और फिर प्रोग्रामिंग करने के बाद सो जाता और लैपटॉप को अपने सिर की तरफ पीछे की ओर रख देता।।

मेरे तीनों मित्र सुबह जल्दी करीब 9:00 बजे अपने ऑफिस के लिए निकल जाते थे जबकि मैं ऑफिस करीब 10:00 बजे जाया करता था। सामान्यत: वह लोग मुझे सोता छोड़कर दरवाजा बंद कर कर अपने ऑफिस के लिए चले जाते थे वह लोग दरवाजे का ताला नहीं लगाते थे बल्कि ऐसे ही दरवाजा फेर कर चले जाते थे क्योंकि मैं थोड़ी देर बाद उठ ही जाता था और फिर नहा धो कर ऑफिस के लिए निकल जाता था।

एक रात की बात है मैंने अपने लैपटॉप पर रात के करीब 2:00 बजे तक कंप्यूटर प्रोग्रामिंग की और जब मुझे तेज नींद आने लगी तो मैं बिस्तर पर लेट गया और लैपटॉप को ऐसे ही बंद करके सिर के दाएं तरफ रख दिया।

अगली सुबह जब 9:45 बजे के करीब मेरी आँखे खुली तो मैंने देखा कि मेरा लैपटॉप वहां नहीं है मैं घबरा गया मेरी समझ में कुछ नहीं आ रहा था मैंने देखा कि दरवाजे का गेट आगे से कुंडे से बंद था मुझे लगा कि कोई मेरा लैपटॉप चोरी करके ले गया है तभी मैंने अपने मित्रों को उनके ऑफिस में फोन किया वह सब 25 मिनट के अंदर कमरे पर आ गए। हमारी कुछ समझ में नहीं आ रहा था कि क्या किया जाए फिर हम लोग पुलिस चौकी गए रिपोर्ट लिखाने के लिए।

हमारी बिल्डिंग के हमारे फ्लोर पर ही एक लड़का अपने परिवार के साथ रहता था जिसका नाम 'मंदार' था मेरा लैपटॉप चोरी होने पर वह सबसे ज्यादा सहानुभूति दिखा रहा था मेरी

समझ में नहीं आ रहा था कि वह सबसे ज्यादा सहानुभूति क्यों दिखा रहा है।

'मंदार' ने मुझे एक कोने में ले जाकर कहा कि भईया मुझे तो आपके कमरे में आपके साथ रहने वाले दोस्तों पर ही शक है हो सकता है उनमें से ही कोई आपका लैपटॉप चुरा कर अपने साथ ले गए हो और गेट आगे से बंद कर दिया हो और हो सकता है की बाद में उसे कही बेच दे।

मैं बहुत ज्यादा परेशान था लैपटॉप चोरी होने का तो मुझे गम था ही पर मुझे इस बात का बहुत ज्यादा दुख था कि मैंने रातों रातों को जाग कर जो प्रोग्रामिंग की थी वह भी सब बेकार हो गई है और अब मुझे फिर से दोबारा सोचकर रातों को जाग जाग कर प्रोग्रामिंग करनी पड़ेगी।

मैंने डरते डरते अपने घर पर पापा को बताया कि मेरा लैपटॉप चोरी हो गया है तो पापा ने मुझे बहुत ही शांति और अच्छी तरह समझाया और तुरंत ही दूसरा नया लैपटॉप खरीदने के लिए पैसे मेरे अकाउंट में ट्रांसफर कर दिए।

करीब एक महीने बाद मैंने देखा वह 'मंदार' जो कुछ नहीं किया करता था तथा जिसके घर पर ज्यादा पैसे भी नहीं थे उसने करीब में ही एक आइसक्रीम की दुकान खोल ली है मेरी समझ में कुछ कुछ आ रहा था कि हो ना हो वह मेरा लैपटॉप उस 'मंदार' ने ही चुराया है और चोरी करने के बाद उसे बेच दिया और कुछ दिन इंतजार करके आइसक्रीम की दुकान मेरी

लैपटॉप के पैसों से खोल ली। मुझे मंदार पर बहुत ज्यादा गुस्सा आ रहा था।

रस : रौद्र

लैपटॉप के पैसों से खोल ली। मुझे मंदार पर बहुत ज्यादा गुस्सा आ रहा था।

# सहरनपुरिया

एक शाम पुणे में मैं और मेरे दो मित्र एक होटल में खाना खाने गए होटल का नाम 'कृष्णा' था वह वहां नया ही खुला था हमने देखा कि एक पतला- लंबा सा लड़का हाथ में एक पेपर और पेन लेकर हमारा ऑर्डर लेने आया।

वह लड़का हमसे इंग्लिश (English) में आर्डर लेने लगा हम लोग हैरान थे क्योंकि जिस होटल में हम खाना खाने आए थे वह बहुत सामान्य था और वहाँ पर बाकी और कोई भी इंग्लिश बोलना नहीं जानता था फिर मैंने उस लड़के से पूछा कि भाई तुम कौन हो काफी अच्छे घर के लगते हो तो उसने कहा हां भईया मैं सहारनपुर से आया हूं और मजबूरी की वजह से मैं यहां पर काम कर रहा हूं मैंने कहा क्या मजबूरी है तो उसने कहा भईया फिर कभी मिल कर बताऊंगा।

एक दिन जब मैं अपने कमरे पर अकेला था तो वह लड़का मुझसे मिलने आ गया तब मैंने उससे पूछा कि हां अब बताओ तुम्हारी क्या मजबूरी है? जो तुम एक अच्छे घर के होकर यहां पर एक ऐसा काम कर रहे हो? तो उसने बोला भईया मेरा नाम

'विक्रांत धारिया 'है मैं सहारनपुर का रहने वाला हूं मैं एक अच्छे परिवार से संबंधित हूं हमारा बहुत ही अच्छा लेदर का बिजनेस था लेकिन जब से मैं उस बिजनेस में आया तो मैंने वह पूरा बिजनेस ही डुबो दिया और हमारे ऊपर बहुत सा कर्जा चढ़ गया । जब तक मेरे पिताजी वह बिजनेस करते थे तो वह बहुत अच्छा चल रहा था पर वह मेरे से ना चल पाया और घर की हालत ऐसी हो गई के घर पर कर्जदारों की लाइन लगी रहती और इस वजह से मेरे माता और पिता बहुत ज्यादा परेशान और बीमार रहने लगे, हमारे सारे रिश्तेदार मुझे कोसने लगे वो हर समय मुझे गाली देने लगते, मेरी समझ में नहीं आ रहा था कि मैं क्या करूं फिर मैंने एक रात एक निर्णय लिया । मैंने आत्म हत्या करने का निर्णय ले लिया था।

उसी रात मैं रेलवे लाइन की ओर चल पड़ा रेल की पटरी पर रेल से कटने के लिए, मैं वहां पर खड़ा था और पीछे से ट्रेन की आवाज आने लगी मुझे लग रहा था कि यह मेरी जिंदगी का सबसे निराशाजनक और आखिरी पल है तभी किसी ने मुझे धक्का दिया और मैं दूसरी ओर गिर पड़ा मैंने पीछे देखा कि करीब 60 साल की उम्र के एक सरदार जी खड़े है। उनसे कहा बेटा तुमने अभी जिंदगी में देखा ही क्या है हमें देखो हम यहां पर पाकिस्तान से आए थे हमारे पास कुछ भी नहीं था फिर भी हमने मेहनत कर के यहां सब कुछ कमा लिया है तुम्हें तो सब कुछ करा कराया मिला है और किसी एक छोटी सी बात से

निराश होकर खुदख़ुशी करने जा रहे हो अरे जिंदगी बहुत बड़ी होती है।

उसके बाद मैंने अपने एक दोस्त से कुछ पैसे लिए और एक ट्रेन में बैठ गया मुझे नहीं पता था मेरी मंजिल कहां है और मुझे कहां जाना है 2 दिनों के बाद मैं पुणे स्टेशन पर पड़ा था मेरी समझ में नहीं आ रहा था कि क्या किया जाए उसके बाद मुझे भूख भी लगी थी और खाने को मेरे पास कुछ नहीं था, पैसे भी नहीं थे तब मुझे किसी ने बताया कि यहां पर पास में ही एक होटल है जिसमें एक वेटर की जरूरत है तो बस मैं यहां आकर काम करने लगा।

विक्रांत की बात सुनकर मैं सदमे में था धीरे-धीरे मैं देखता रहा विक्रांत ने वह नौकरी छोड़ दी और कहीं कॉल सेंटर में एक नौकरी ज्वाइन कर ली वह अच्छी खासी इंग्लिश बोल लेता था तो उसे आसानी से वह नौकरी मिल गई फिर धीरे-धीरे मैं देखता रहा उसकी सैलरी 2000 से 5000 से 10000 बढ़ती गई। विक्रांत कहीं भी एक जगह टिक कर नौकरी नहीं करता था और बार-बार बदलता रहता था एक बार वह नौकरी छोड़कर गोवा चला गया और गोवा के किसी रिसोर्ट में वेटर का काम करने लगा फिर वापस आया तो फिर किसी हाइपर मार्केट में काम करने लगा इस तरह से वह बहुत सारी नौकरी बदलता रहता था।

विक्रांत बहुत ज्यादा मेहनत कर रहा था ऑफिस से आने के

बाद वह कुछ सामान खरीद कर लाता था और अपनी कंपनी में कुछ मुनाफे के साथ बेच देता था वह थोक में सामान खरीदता था जैसे पर्स, बेल्ट इत्यादि और उसमें कुछ परसेंट का मुनाफा उसे मिल जाता था।

मैं विक्रांत को बहुत समझाता था कि अब एक बार अपने घर चले जाओ अपने माता-पिता से मिलने लेकिन वह नहीं जाता था फिर करीब 3 साल पहले वह एक बार अपने घर गया लेकिन तब तक उसके माता-पिता दोनों ही मर चुके थे।

मैं विक्रांत की मेहनत से बहुत ज्यादा प्रभावित हूँ अभी कुछ दिनों पहले वह मेरे से मिलने दिल्ली आया था और जब दिल्ली आया तो उसने मुझे एक खबर सुनाई, उसने कहा कि उसने पुणे में एक 2BHK फ्लैट खरीद लिया है मैं हैरान और खुश था कि एक आदमी जो एक दिन खुदखुशी करने के लिए जा रहा था वह कहां से कहां पहुंचा और उसने क्या-क्या काम नहीं किया वो भी केवल अपनी मेहनत के बल पर, और आज पुणे जैसे शहर में अपना एक घर खरीद लिया है वह एक बहुत बहादुर इंसान है।

रस : वीर

# **सौम्य** Unlucky

जब मैं छोटा था तो हमारे मोहल्ले में परचून की एक दुकान हुआ करती थी वह दुकान वाले अंकल मुझसे बार-बार पान मंगाया करते थे उनकी दुकान से करीब 30 कदम की दूरी पर जोशी जी के पान का खोखा था वह मुझसे वहीं से पान मंगाया करते थे वह गुरु का पान खाते थे,

पान के खोखे पर कभी-कभी जोशी जी और कभी-कभी उनका लड़का जो कि मेरे से 5 साल बड़ा था बैठा करते थे मैं जोशी जी के उस लड़के को भईया बोला करता था वह बहुत ही simple, सरल और बहुत ही अच्छी तरह बात करने वाले एक व्यक्ति थे वह भईया स्कूल में पढ़ाई भी करते थे और समय मिलने पर अपने पिताजी का हाथ बटाने के लिए उस पान के खोखे पर भी बैठा करते थे, उनकी आर्थिक स्थिति बहुत अच्छी ना होने के बावजूद भी वह बहुत ही शांत और सामान्य रहते थे मैंने कभी भी उनके माथे पर कोई शिकन नहीं देखी।

धीरे-धीरे समय बीतता गया और मैं पहले पढ़ाई के लिए और फिर नौकरी के लिए अपने घर से दूर चला गया बीच में जब भी

मैं घर आता था तो मैं देखता था कि उस पान के खोखे पर अब जोशी जी की जगह फुल टाइम उनका लड़का वो भईया ही बैठने लगे है कुछ समय बाद मुझे पता चला कि जोशी जी का देहांत हो गया है समय बीतता गया और घर चलाने के लिए उन भईया को अपनी स्कूल की पढ़ाई बीच में ही छोड़ देनी पड़ी लेकिन वह तब भी बहुत अच्छी तरह बात करते थे और लगता था कोई बहुत पढ़ा लिखा आदमी बात कर रहा है मैं जब भी उनके खोखे पर जाता वह मुझे एक टॉफ़ी मुफ्त में ही दे देते थे धीरे-धीरे उन भईया के घर की आर्थिक स्थिति और खराब होने लगी और वह बहुत परेशान रहने लगे लेकिन कभी भी उनकी बातों से यह नहीं दिखता था कि वह परेशान है उनके चेहरे पर हमेशा एक मुस्कुराहट रहती थी I

कुछ समय के पश्चात पता चला कि जहां पर उनके पान का खोखा था वहां एक नई दुकान खुल गई है उन्हें अपनी आर्थिक स्थिति के चलते वह पान का खोखा भी बेचना पड़ा, मैंने काफी दिनों तक उनके बारे में पड़ताल की  लेकिन मुझे कुछ पता नहीं चला कि वह अपना पान का खोखा बेचकर कहां चले गए हैं और वह आजकल क्या कर रहे हैं या अब उनकी आर्थिक स्थिति कैसी है?

एक दिन मैं अपने स्कूटर पर कहीं जा रहा था कुछ समय बाद मुझे लगा कि स्कूटर में पेट्रोल खत्म होने वाला है तो मैं पेट्रोल भरवाने के लिए नजदीकी पेट्रोल पंप की तरफ गया मैंने देखा

कि उस पेट्रोल पंप पर, उस पेट्रोल पंप की ड्रेस पहने एक आदमी खड़ा है मैंने ध्यान से देखा तो यह वही भईया थे जोशी जी के लड़के, मैंने उनसे पूछा भईया आप यहां पर तो उन्होंने कहा हां सर ऐसा ही होता है वह मुझे पान का खोखा बेचना पड़ा और आजकल मैं यहां काम करता हूं वह उस समय भी बहुत अच्छी तरह बात कर रहे थे

और मुझे ऐसा लगा कि शायद उन्होंने शराब पी रखी है कुछ और दिन बीते और एक बार फिर वह मुझे पेट्रोल पंप पर मिले, तीसरी बार जब मैं पेट्रोल पंप पर गया तो वह नहीं थे मैंने उनके बारे में पेट्रोल पंप पर काम करने वाले अन्य लोगों से पूछा तो उन्होंने कहा कि उन्हें वहां से निकाल दिया गया है मैंने सोचा उन्हें अब कहां ढूंढू?

कुछ दिनों के बाद पता चला कि उन भईया की शादी के लायक दो बहनें थीं जिनकी शादी में अड़चन आ रही थी क्योंकि उनकी आर्थिक स्थिति अच्छी नहीं थी और फिर एक दिन मुझे पता चला कि उन भईया ने खुदख़ुशी कर ली है मैं बहुत ही शांत था


रस : करुण

# भूत से लड़ाई

बात उन दिनों की है जब मैं छोटा था और गर्मियों की छुट्टियों में अपने नाना के यहां उत्तर प्रदेश के एक गांव में जाया करता था

मेरे एक असल नाना और दो उनके सगे भाई आसपास ही उस गांव में रहते थे एक बार जब मैं शायद 6 साल का था और सर्दियों की छुट्टियों में अपने नाना के यहां गया हुआ था,

तब एक सुबह गांव में बहुत जबरदस्त हल्ला मच गया हुआ यूं कि सब मेरे नाना के छोटे भाई प्रवीण सिंह जिन्हें सब महाशय जी भी बोलते थे की काफी तारीफ कर रहे हैं और उनकी बहादुरी के किस्से गा रहे हैं हम सब बच्चे और बड़े तुरंद उन नाना महशय जी के पास उनसे पूरी बात जानने के लिए पहुंचे तो उन्होंने बताना शुरू किया।

उन्होंने कहा कि "कल रात की बात है मैं रात को खेतों में पानी देने के लिए जा रहा था जैसा की आप लोग जानते हैं कि यहां बिजली बहुत कम आती है और आजकल 24 में से केवल 2-3 घंटे ही बिजली आती है और यह भी निर्धारित नहीं है की

बिजली कब आएगी । कल रात उस समय भी बिजली नहीं आ रही थी जब मैं घर से खेतों की तरफ जा रहा था जिससे की कुआं चलाकर खेतों को पानी दे सकूं लेकिन बहुत अंधेरी रात थी, कुएँ के पास पहुंचकर मैंने देखा कि बिजली नहीं आ रही है मैं सोचने लगा की अब क्या किया जाये?

मैंने सोचा कि थोड़ी देर के लिए सो जाता हूं रात में जिस समय बिजली आएगी उस समय उठकर कुआं चला दूंगा और खेतों को पानी दे दूंगा । यह बहुत सर्दी की रात थी । मुझे तुरंत ही हमारे खेतों में कुए पर बनी एक छोटी झोपड़ी में पड़ी हुई खटिया पर लेटते ही नींद आ गई मैंने रजाई ओढ़ रखी थी और मैं तुरंत सो गया ।

5 मिनट के बाद मुझे अपने ऊपर रिजाई पर ऐसा लगा जैसे कि कुछ वजन रखा है मेरी समझ में नहीं आया की यह क्या हो सकता है? मैंने धीरे से हल्के हल्के रजाई अपने मुँह के ऊपर से उघाड़ कर देखा तो मेरे होश ही उड़ गए मैंने देखा कि एक जवान सा लड़का मेरे पेट पर बैठा है जिसका कद करीब 3 फुट है जिसकी बहुत लंबी नाक है और जिसके हल्की हल्की दाढ़ी आ रही है वह बहुत ही गोरा था मुझे समझते देर न लगी कि यह कोई प्रेत है मैंने अपने आप को स्वयं हिम्मत देते हुए वह रजाई जोर से झटक दी और फिर से मुंह के ऊपर रजाई ओढ़ कर सो गया

करीब 2 मिनट के बाद ही मुझे अपने पैरों पर कुछ भारीपन

लगा मुझे लगा कि यह प्रेत ऐसे नहीं जाएगा और फिर से मेरे ऊपर आकर बैठ गया है मैंने धीरे-धीरे फिर से रजाई अपने मुंह से उठाई और देखा कि इस बार वह प्रेत मेरे पैरों की तरफ बैठा है वह धीरे-धीरे मेरे पैरों में गुदगुदी कर रहा था।

मैंने गौर से देखा तो पाया की उस प्रेत का एक ही नितम्ब है मुझे एक उपाय सूझा। मैंने झट से उठ कर उस प्रेत की कौली भर ली और उसके उस एक नितम्ब में बहुत जोर से काट लिया जिसके परिणामस्वरूप वो बिदक कर ' साले ने मार दिया' ऐसा नाक में बोलता हुआ भाग गया। फिर तुरंत ही मैने आस पास की लकड़ियाँ एकत्र की और उनमे आग जला दी, क्योकि भूत आदि आग के पास नहीं आते है करीब आधे घंटे बाद बिजली भी आ गयी फिर मैंने कुआं चलाया और खेतो में पानी दिया।"

रस : भय

# जल्दी

बात सन 1998 की है मेरा इंटरमीडिएट का रिजल्ट आ चुका था और मैं प्रथम श्रेणी में उत्तीर्ण भी हो गया था अब उसके बाद मुझे प्रतियोगी परीक्षाओं की तैयारी करनी थी मैंने कई फार्म भी भर रखे थे

इस ही क्रम में मुझे एक प्रतियोगी परीक्षा का फॉर्म भरना था लेकिन मैं काफी समय तक इस फॉर्म को नहीं भर पाया जब केवल 3 दिन बचे थे तब मुझे याद आया कि उस प्रतियोगी परीक्षा का फॉर्म भरना है तो मैं सुबह से बैठ गया उस फॉर्म को भरने। फिर मैंने देखा उस फॉर्म पर मुझे अपनी पासपोर्ट साइज की दो फोटो भी लगानी है मैंने घर में चैक (Check) किया तो मेरे पासपोर्ट साइज के फोटो उपलब्ध नहीं थे मैंने सोचा केवल आज का ही एक दिन शेष है क्या फोटोग्राफर फोटो खींचकर आज के आज ही दे पाएगा?

यह वह समय था जब Digital फोटोग्राफी नहीं चलती थी और फोटो खिचवानें के बाद तीन-चार दिन लगते थे फोटो मिलने के लिए।

हमारे घर के पास सम्राट फोटो स्टूडियो था जिससे हम फोटो खिंचवाया करते थे वह क्या करता था, जिस लिफाफे में वह खींचे हुए फोटो देता था उसमें वह एक नंबर लिख देता था जो उसके उस ग्राहक (customer) के उस फोटो का नंबर होता था । अगर किसी व्यक्ति को कोई नया फोटो नहीं खिचवाना है और पहले खींचे हुए फोटो की ही प्रतिलिपि बनवानी है तो उसे सम्राट स्टूडियो वाले को वो नंबर बताना पड़ता था और सम्राट स्टूडियो वाला उस नंबर से पहले खींच चुके फोटो की प्रतिलिप निकल कर दे देता था। इस गतिविधि में कम समय लगता था और एक दिन में ही मूल फोटो की प्रतिलिपि मिल जाती थी। मैंने सोच की क्यों ना सम्राट स्टूडियो द्वारा मेरे पहले किसी खींचे हुए फोटो की प्रतिलिप फिर से बनवा ली जाये क्योकि वो मुझे उसी दिन बना कर दे देगा। मैं लगा अपनी पुस्तकों की अलमारी में सम्राट स्टूडियो द्वारा मेरे पहले खींचे हुए फोटो का लिफाफा ढूंढ़ने। काफी प्रयत्नों के बाद मुझे सम्राट स्टूडियो का ऐसा एक लिफाफा मिल गया जिसमे कोई फोटो नहीं था और जिसके ऊपर एक नंबर लिखा था। मैं भाग कर सम्राट स्टूडियो वाले के पास गया और उसे वो नंबर बता दिया। उसने कहा की शाम को आकर अपने फोटो ले जाना। मैंने शाम से पहले ही पूरा फॉर्म भर लिया और फिर चल पड़ा सम्राट स्टूडियो के पास क्योकि मुझे फॉर्म पर फोटो लगा कर उसे उस दिन ही पोस्ट करना था अन्यथा वो अपने गंतव्य पर ना पहुंच पता।

जैसे ही मैंने सम्राट स्टूडियो में जाकर उन भईया से अपने फोटो लिए और लिफाफा खोल कर देखा तो मेरे तो होश ही उड़ गए क्योंकि उस लिफाफे में मेरे बड़े भाई के फोटो थे। मुझे समझते देर न लगी की वो खाली लिफाफा जिसमे से पढ़कर मैंने सम्राट स्टूडियो वाले को फोटा नंबर बताया था वो कभी पहले मेरे भाई द्वारा उनके खुद के खचवाये हुए फोटो का लिफाफा था। मैंने जल्दी मैं कुछ भी नहीं चैक किया। अंततः मैं वो फॉर्म नहीं भर पाया।

रस : वीभत्स

# Nature

सन 2012 में कुछ समय के लिए मैंने नैनीताल में नौकरी की थी नैनीताल बहुत सुंदर जगह है । लेकिन वहां पर हर समय सैलानियों का तांता लगा रहता है इसलिए मुझे नैनीताल से ज्यादा नैनीताल के आसपास की जगह पसंद है लेकिन उस नौकरी में मुझे कम ही मौका मिलता था कि मैं कहीं आस-पास जा पाऊ ऐसे ही एक बार की बात है जब हमारी तीन छुट्टियां एक साथ थी तो मैंने सोचा कि मैं हर बार छुट्टियों में अपने गृह नगर हरिद्वार चला जाता हूं लेकिन इस बार मैं हरिद्वार नहीं जाऊंगा बल्कि नैनीताल के आसपास की कुछ खास जगह देख लूंगा लेकिन मेरी समझ में नहीं आ रहा था कि क्या देखा जाए और वहां तक कैसे जाया जाए ।

नैनीताल के पास ही भीमताल में मेरे साथ ही काम करने वाले एक सरदार जी जगबीर सिंह रहते थे उनके पास एक मोटरबाइक थी वह बहुत ही अच्छे इंसान थे । मैंने जगबीर जी से कहा कि जगबीर जी इस बार मैं छुट्टियों में घर ना जाकर नैनीताल के आसपास के किसी स्थान को घूमने की सोच रहा

हूं उन्होंने कहा बंधु बहुत अच्छा विचार है क्योंकि मैं भी इन तीन दिनों की छुट्टियों में अकेला हूं तो ऐसा करते हैं मेरी बाइक से कहीं घूमने चलते हैं मैंने उनसे कहा आप तो यहां पर काफी समय से रह रहे हैं आप ही कोई स्थान बताएं जो कि बहुत अच्छा हो और जहां बहुत ज्यादा भीड़ भाड़ भी ना हो । तो जगबीर जी ने कहा सोचते हैं फिर उन्होंने कहा ऐसा करते हैं मुक्तेश्वर चला जाए मैंने कहा हाँ मैंने भी सुना है की वह बहुत अच्छी जगह है उस शाम मैं अपने ऑफिस के बाद जगबीर जी की मोटर बाइक से उनके साथ ही उनके घर भीमताल चला गया और रात को उनके यहां ही रुका क्योकि अगली सुबह हमे बाइक से जल्दी मुक्तेश्वर के लिए निकलना था ।

अगली सुबह हम दोनों जगबीर जी की बाइक से मुक्तेश्वर के लिए निकल पड़े। जगबीर जी मोटर साइकिल चला रहे थे और मैंने उनके पीछे बैठा था । चारो ओर बहुत ही अच्छे नज़ारे थे हम प्रकृति के बीच बढे चले जा रहे थे। एक स्थान पर जगबीर जी ने मुझसे पूछा, "बंधु कहो कैसे नज़ारे है?"

मैंने हल्के से मन से कहा ," अच्छे है" क्योकि मैं वैसे नज़ारे काफी देख चूका था। फिर जगबीर जी ने कहा, "बंधु अब जैसे ही हम इस मोड़ से मुड़ेंगे आपके मुँह से अचानक वाओ (wow) निकलेगा" मैंने मन में सोचा इस मोड़ पर मुड़ते ही ऐसा क्या हो जयेगा। खैर जैसे ही वो मोड़ हमने पार किया और मैंने अपनी बायीं ओर देखा अनायास ही मेरे मुँह से वाह निकल

पड़ा। वहां से हिमालय के गलिशयर की पूरी श्रृंखला दिख रही थी मैने जगबीर जी को वहां पार मोटर साइकिल रोकने को कहा, "दस मिनट मैं एक पहाड़ पर खड़े होकर बस उस हिमालय के गलिशयर की पूरी श्रृंखला को देखता रहा मैने जगबीर जी से कहा, "यार बस किसी भी तरह मुझे यहां एक छोटा सा घर बनाना है सुबह को जिसकी खिड़की खोलते ही सामने ये नाजरे दिखे। वो जगह सही मैं ऐसी थी की लग रहा था की प्रकर्ति कुछ जगहों पर पूरे श्रृंगार करके आती है।

रस : श्रृंगार

# फिर से सरदार

मेरी पुस्तक 'सच्चाई कुछ पन्नो में', में एक कहानी थी कहानी नंबर 15 जिसका नाम सरदार था, उस कहानी का मुख्य पात्र मेरा कॉलेज का एक मित्र 'राजविंदर' था ये कहानी भी 'राजविंदर' की ही है।

हमारे कॉलेज के दुसरे सेमेस्टर तक राजविंदर सिंह रैना अपने सिर पर पगड़ी बंधा करता था क्योकि वो सरदार है। लकिन बदलते समय के साथ एवं अन्य कई दोस्तों के द्वारा उकसाने पर उसने अपने बालो को कटवाने का फैसला ले लिया।

राजविंदर के पापा बहुत गुस्से वाले है और उस समय राजविंदर अपने पापा से डरता भी बहुत था । उसे पता था की अगर वो अपने पापा को ये बात बताएगा की वो अपने बाल छोटे करवाना चाहता है तो उसके पापा उसे बहुत डाँटेगे और कभी भी उसे उसके बाल छोटे नहीं कुरने देंगे।

काफी हां-ना और सोच विचार के बाद आखिरकार राजविंदर ने अपने बालो को छोटा करवाने और पगड़ी ना पहनने का निर्णय

किया । कुछ दिनों के बाद आखिरकार राजविंदर ने अपने बाल छोटे करवा ही लिए और पगड़ी बांधना बंद कर दिया। जब तक वो हमारे साथ कॉलेज की क्लास कर रहा था तो बहुत खुश रहता था क्योंकि वहां कोई भी उसे बालो के लिए रोकने- टोकने वाला नहीं था। कुछ समय बाद वो दिन आ गया जब राजविंदर को अपने घर जम्मू जाना था । वो इस ख्याल से ही बहुत डर गया की घर पर अपने पापा को ये कैसे समझयेगा की उसने बाल छोटे करवा लिए है और तो और बिना पगड़ी के उनके सामने कैसे जायेगा?

जब वह घर से वापस आया तो मुझे बहुत ज्यादा उत्सुकता हुई ये जानने की कि राजविंदर के पापा ने उसे बिना पगड़ी के देख कर क्या प्रतिक्रिया दिखाई। तो राजविंदर ने बताया कि "यार मैं बहुत डरा हुआ था तो मैंने घर पर जाने से पहले क्या किया कि अपने सिर पर बहुत सारे अखबार पेपर पगड़ी में रख कर पगड़ी बांध कर पापा के सामने गया" मैंने कहा, "बहुत सही यार तो मतलब अंकल को कुछ पता ही नहीं चला?" राजविंदर ने कहा,"आगे तो सुन, अगले दिन हमारे घर कुछ मेहमान आ गए। पापा का फ़ोन आ गया और वो फ़ोन पर किसी से बाते करने लगे और उन्होंने मुझे उन मेहमान के साथ बैठकर बाते करने को बोल दिया। मैं उन मेहमान अंकल से बहुत लम्बी लम्बी हाँक रहा था तभी पीछे से पापा आ गए उन्होंने सीधे मेरी पगड़ी अपने हाथो से पकड़ी और उसे जोर से खींचा। अचनाक

पगड़ी मेरे सिर से खुल गयी और पगड़ी के अंदर भरे हुए अखबार वही खुलकर गिर पड़े। बस फिर क्या था उन मेहमान अंकल के सामने ही मेरी बहुत पिटाई हुई। असल में जब पापा फ़ोन पर बात करके मेरी ओर आ रहे थे तो उनका ध्यान मेरे सिर की ओर गया जिस पर बंधी पगड़ी के किनारो में से अखबार पेपर के कुछ भाग बहार निकल रखे थे"

राजविंदर की ये बात सुन कर मेरी हंसी रोके ना रुकी ओर मैं बहुत हँसा ।

रस : हास्य

# इलाज़

बात अब से करीब 25 साल पुरानी है उस समय मैं शायद कक्षा 6-7 में था एक दिन जब मैं अपने स्कूल से घर वापस आ रहा था तो अचनाक पता नहीं कैसे मेरा पैर मुड़ गया मतलब उसमे मोच आ गयी मेरा दांया पैर पंजे पर से मुड़ गया था मेरे पैर मे बहुत तेज दर्द होने लगा और मुझे चलने में भी परेशानी होने लगी। मैं लंगड़ा लंगड़ा कर बड़ी मुश्किल से घर पंहुचा।

घर पर सब ने पुछा कि क्या हुआ तो मैंने बताया कि मेरा दायाँ पैर पंजे से मुड़ गया है और बहुत दर्द हो रहा है। मम्मी ने पैर पर दवाई लगा कर हल्दी वाला दूध पीने को दिया। दो तीन दिन हो गए पर मेरे पैर का दर्द सही ही नहीं हो रहा था। फिर पापा मुझे एक डॉक्टर के पास ले गए उसने मुझे पेन किलर (pain killer) दवाई दी पर उससे भी कुछ आराम ना हुआ। एक सप्ताह हो गया और मैं लंगड़ा लंगड़ा कर ही चलता था। फिर हमारी स्कूल की गर्मियों की छुट्टियाँ पड़ गयी और मैं दर्द भरे पैर के साथ ही अपनी मम्मी के साथ अपने नाना के गाँव चला गया। नाना के यहां भी सब मुझे देख कर हैरान थे

कि मेरे पैर में क्या हो गया है।

अगले दिन मेरे नाना ने कहा अरे पैर में मोच ही तो आयी है मैं तेरी नानी को बोलता हूँ कि आज रात को वो तेरे पैर पर आटे की कच्ची रोटी बांध दे कल सुबह तक तू दौड़ने लगेगा। उस रात नानी ने वैसा ही किया पर अगली सुबह भी मेरे पैर का दर्द ठीक ना हुआ। धीरे धीरे मेरी गर्मियों की छुट्टियाँ लगड़ा लंगड़ा के दर्द भरे पैर से नाना के यहां गुजर रही थी, हर कोई कुछ ना कुछ उपाय बताता पर मेरा पैर ठीक ना हुआ । एक दिन मेरे सबसे छोटे वाले मामा किसी से पूछ कर आये और मेरे पैर के पंजे में जहां पर दर्द था वहां एक पान का पत्ता बांध दिया पर उससे भी दर्द ठीक ना हुआ। अब तो मुझे लगने लगा था कि शायद अब जीवन भर मुझे इस दर्द के साथ ही जीना पड़ेगा। जिस दिन मैं गर्मियों की छुट्टियों के बाद घर वापस पंहुचा मुझे लंगड़ाता देखकर पापा को बहुत आश्चर्य हुआ उन्होंने कहा "अभी तक तेरा पैर ठीक नहीं हुआ , शाम को किसी के पास लेकर चलता हूँ जिसके बारे मे मुझे किसी ने बताया है"

शाम को हम लोग ज्वालापुर बाज़ार की तंग गलियों में आलम भाई को सबसे पूछ पूछ कर ढूढ़ रहे थे फिर किसी ने बतया कि अगली एक तंग गली मे आलम भाई का घर है। पापा और मैं आलम भाई के घर पहुंच गए। आलम भाई ने मेरा पैर देखा और मुझसे पूछा, "ये बताओ कि जब मोच आयी थी तब तुम्हरा पैर आगे की ओर को मुड़ा था या पीछे को" मैंने याद

करके कहा, "आगे की ओर को" तो आलम भाई ने कहा इस सड़क पर वैसे ही बैठ जाओ जैसे दौड़ में शुरू होने से पहले पोजीशन लेते है और अपना वो पैर जिसमे दर्द है वैसे ही कर लो जैसे वो मुड़ा था। मैं आलम भाई के घर के बहार की तंग गली में उस तरह आधा बैठा आधा खड़ा था जैसे की धावक दौड़ से पहले अपनी पोजीशन लेते है मैं थोड़ा सा झुका हुआ था और मेरे दाहिने पैर के पंजे का ऊपरी भाग मैंने मोड़ कर सड़क पर लगा रखा था। फिर आलम भाई ने कहा ,"तैयार" मैंने कहा,"हां पर किस लिए" तुरंत आलम भाई मेरे पीछे से आकर मेरे दाहिने पैर के पंजे जो की मुड़ कर सड़क पर लगा था, पूरी ताकत से कूद पड़े। मेरी तो जैसे जान ही निकल गयी मैं चीख पड़ा आ आ और मेरे मुँह से अचनाक निकल गया 'पागल' मुझे आलम भाई पर बहुत गुस्सा आ रहा था । पापा भी हैरान थे इससे पहले की वो कुछ बोलते आलम भाई ने कहा "अब खड़े हो कर चल कर देखो" मैंने वो ही किया । मैं हैरान था क्योंकि मेरे पैर का दर्द गायब था और मैं आराम से चल पा रहा था। कमाल की बात थी की जिस का इलाज बड़े से बड़े डॉक्टर नहीं कर पाए और कोई नुस्खा काम नहीं आया वो आलम भाई के अटपटे इलाज ने एक दम सही कर दिया।

रस : अदभुत

# माँ

मेरे ताऊ जी के बच्चे उत्तर प्रदेश के बिजनौर में रहते है वो सब मेरे से बहुत बड़े है। दो के तो बच्चे ही लगभग मेरी साथ के है।

सबसे बड़े ताऊ जी के एक लड़के गुड्डू भईया की उम्र मेरे से करीब 14 साल ज्यादा है । गुड्डू भईया पहले से ही काफी मिलनसार है। पहले से ही उनका मित्र समूह भी बहुत विशाल रहा है। यह किस्सा उस समय का है जब मैं करीब 10 साल का था।

गुड्डू भईया को जब भी अपने काम से समय मिलता तो वो अपने मित्रो के साथ घूमने निकल पड़ते। कभी दूर तक कभी आस पास मोटर साइकिल से। वो कभी कभी अपने कई दोस्तों के साथ हरिद्वार में हमारे घर भी आ जाते थे।

ऐसे ही एक समय की बात है गुड्डू भईया और उनके तीन दोस्त, दो मोटर साइकिलो से बिजनौर के आस पास ही घूमने निकल पड़े। वो लोग शाम को गए थे और रात हो गयी लेकिन उनका कुछ पता ठिकाना ना था। गुड्डू भईया उनके एक मित्र की मोटर साइकिल पर पीछे बैठे थे जिसे उनका वो मित्र चला रहा

था जिसकी वह मोटर साइकिल थी। । गुड्डू भईया के उस मित्र के पिता जी का काफी पहले ही देहांत हो गया था और उनकी 2 छोटी बहन और माँ साथ में रहती थी।

अगली सुबह हमारे बड़े भईया, ताऊ जी आदि सब को पुलिस थाने बुलाया गया । गुड्डू भईया को पुलिस ने पकड़ लिया था क्योकि उनके उस दोस्त की, जो मोटर साइकिल चला रहा था दुर्घटना (accident) में मृत्यु हो गयी थी और गुड्डू भईया के अन्य मित्रो ने ये बोल दिया की हमे नहीं पता की क्या हुआ था। ये गुड्डू ही मोटर साइकिल पर पीछे उसके साथ बैठ कर गया था।

फिर गुड्डू भईया के उन मित्र की माँ जिनकी मृत्यु हुई थी वो गुड्डू भईया से मिलने आयी। गुड्डू भईया ने उन्हें बताया की कैसे मोटर साइकिल एक ट्रैक से टकरा गयी और उनकी आँखों के सामने उनके सबसे अच्छे दोस्त की जान निकल गयी। उन्होंने ये भी बताया की उनका इसमें कोई दोष नहीं है उन्होंने तो अपने उस मित्र को समझाया भी था की बहुत देर हो गयी है हमे रात मे और आगे नहीं जाना चाहिए। लकिन वो नहीं माना।

गुड्डू भईया के अन्य मित्र जो उस रात अन्य दूसरी मोटर साइकिल पर थे उन्होंने गुड्डू भईया के उस मित्र जिसकी उस हादसे में मृत्य हुई थी, की माँ से कहा की, "आपका लड़का तो अब मर ही गया आप अब गुड्डू पर उसके खून का इल्जाम लगा दीजिये" लकिन उन भईया के माँ ने कहा, "एक माँ का बेटा तो

मर ही गया है तुम चाहते हो की दूसरी माँ के बच्चे को भी मैं जीते जी मार दूँ। उसके बाद उन भईया की माँ जिनकी मृत्य हुई थी उन्होंने बोल दिया की गुड्डू मेरे बेटे जैसा ही है और इसका कोई कसूर नहीं है। इस हादसे के बाद गुड्डू भईया अपने उस मित्र की माँ को बिलकुल अपनी माँ की तरह और उनकी बहनो को अपनी बहनो की तरह मानने लगे। वो लगभग रोज उनके घर जाते और उनकी छोटी छोटी मदद करते रहते।

रस : शांत

# लम्बा पप्पू

मैंने सन 2000 से 2004 तक बरेली शहर से बी.टेक. (B.tech.) किया था, अपने बी.टेक. के 4 सालो के दौरान मैं डे स्कॉलर (Day Scholar) ही रहा अर्थात मैंने कॉलेज से बाहर बरेली शहर में एक रूम किराए पर ले रखा था, कई बार मैं अकेला रहा कहीं बार मैं अपने रूममेट के साथ रहा और एक बार तो सीनियर्स भी मेरे साथ रहते थे ।

यह बात उस समय की है जब मैं और मेरे साथ मेरे दो मित्र एक साथ रूम शेयर किया करते थे हम वहां पास में ही उपस्थित एक खोखे पर चाय पीने जाया करते थे वह गुप्ता जी का खोखा था जो 24 घंटे खुलता था उस पर एक पिता एवं दो पुत्र 24 घंटे बैठते थे बारी-बारी से शिफ्ट में । जब भी हमें समय मिलता हम वहीं पर जाकर अपना समय व्यतीत करते थे कभी चाय पी लेते कभी चाय के साथ मट्ठी, फैन खा लेते आदि आदि ।

एक रात करीब 11:00 बजे मैं और मेरे दो साथी उस पान के खोखे पर बैठे थे और गपशप कर रहे थे मैं और मेरा एक साथी चाय पी रहे थे तभी सामने से मेरे दो और साथी आ गए जो मेरे

ही कॉलेज के थे किंतु हमारे साथ रूम share नहीं किया करते थे अपितु पास में एक दूसरे घर में रहते थे हम लोग बातें कर रहे थे और गपशप मार रहे थे तभी सामने से दो लड़के आए और ऊंची आवाज में बातें करने लगे उनमे से एक लड़के ने मेरे एक मित्र को कहा 'अबे खड़ा हो बे यहां से । यहां मैं बैठूंगा', उसका बोलने का तरीका बहुत ही अलग था जिससे हम सब को गुस्सा आ गया । मेरे दूसरे मित्र ने उससे कहा "कौन है बे तू पागल हो गया है क्या?" तो उसने बोला "तू मुझे जानता नहीं मैं यहां का डॉन हूं मेरा नाम मित्तल है मुझ से सब डरते हैं जल्दी उठ यहाँ से । उसके साथ वाला जो दूसरा लड़का था उसने कहा 'तुम लोग जाओ यार यह बड़ा खतरनाक है'

फिर मेरे एक दोस्त और उस लड़के मित्तल में हाथापाई होने लगी, हमारी समझ में नहीं आ रहा था कि क्या करें हम दो दोस्त उन दोनों को छुड़ाने लगे और साथ में गुप्ता जी भी, काफी कहासुनी हो गई फिर हम लोग अपने घर की ओर को जाने लगे तभी पीछे से उस मित्तल और दूसरे लड़के ने हमारे ऊपर पत्थर फेखने शुरू कर दिए हम बहुत डर गए और भागने लगे ।

कुछ आगे चलने पर एक मकान के निर्माण का काम चल रहा था मेरे दो मित्रो ने वहा से ईंट, रोड़ा उठाया और वापस गुप्ता जी के चाय के खोखे पर आकर उस मित्तल और उसके साथी के ऊपर फेक कर मारी। खैर हम उन्हें समझा-बुझाकर वापस ले

आए । सुना था कि उस रात बाद में गुप्ता जी के खोखे पर पुलिस भी आई थी । धीरे-धीरे मामला ठंडा हो गया अगले दिन हम कॉलेज गए कॉलेज के बाद शाम को फिर हम मित्र गुप्ता जी के चाय के खोखे पर बैठे थे। थोड़ी देर बाद एक कार आकर रुकी और उसमे से तीन लोग उतरे एक लड़का कद में लम्बा था और बाकि दो का गुरु लग रहा था। वो मेरे उस मित्र के पास आया जिससे कल रात उस मित्तल की हाथा पाई हुई थी और कहने लगा, "आप लोग बच्चे हो अपने घरो से यहाँ पढ़ने आये हो बस पढ़ाई करो, कल रात जिससे तुम्हारी लड़ाई हुई थी वो मेरा छोटा भाई है, मैं चाहू तो अभी तुम लोगो को ख़त्म कर दूँ" मुझे उसकी ऐसी बातो पर बहुत गुस्सा आ रहा था, उसने आगे कहा, "आप सब शरीफ बच्चे हो मुझे अपना बड़ा भाई ही समझो और अगर बरेली में कोई भी परेशान करे तो मेरा नाम ले देना और मुझे बता देना। अब सामान्य बाते हो रही थी फिर अंतिम बात पर बहुत रोकने के बाद भी मुझे और मेरे अन्य मित्रो को हंसी आ ही गयी क्योकि जैसे ही मेरे एक मित्र ने उस व्यक्ति से पूछा," भईया आपका नाम क्या है?" तो उसने कहा, "मुझे सब 'लम्बा पप्पू' के नाम से जानते है"

रस : रौद्र

# चाय कुल्हड़ में

मेरी इंजीनियरिंग के दौरान मेरे आखिरी साल में अर्थात सातवें-आठवें सेमेस्टर में हमें एक प्रोजेक्ट बनाकर जमा (submit) करना होता था उस प्रोजेक्ट के भी काफी ज्यादा नंबर होते थे। हमारे सर ने क्लास के बच्चों के ग्रुप बना दिए थे मेरे ग्रुप में मेरे दो और दोस्त थे जिनके नाम महीप सिंह और मधुर थे हर समूह को अलग-अलग प्रोजेक्ट बनाने थे एक ग्रुप को एक project बनाना था और फाइनली वह हमें जमा (submit) करना था जिस के आधार पर हमे नंबर मिलने थे जो मुख्य अंतिम परीक्षा के नंबरो में जुड़ने थे। क्योंकि मैंने Information Technology अर्थात सूचना प्रौद्योगिकी में अपनी इंजीनियरिंग की थी तो इसका अर्थ है कि मुझे अपने प्रोजेक्ट में कंप्यूटर प्रोग्रामिंग या कंप्यूटर से संबंधित कुछ बनाना था आखिरी तक भी मेरे दो फ्रेंड और मेरी समझ में नहीं आ रहा था कि हम क्या बनाएं समय बहुत कम बचा था अंत में हमने सोचा कि हम एक ऐसी एप्लीकेशन बनाते हैं जिसमें 2 या 3 features (विशेषताएं) होंगे तो हमने एक ऐसी एप्लीकेशन

बनाई जिसमें एक dashboard था जिससे की दो सिस्टम पर आपस में हम बात कर सकते थे या कोई भी file share (साझा) कर सकते थे साथ ही उसमें एक फाइल को एक कंप्यूटर से दूसरे कंप्यूटर पर भेजने का सिस्टम भी था जिसे FTP कहते है।

हमारे प्रोजेक्ट को जाँच कर नंबर देने के लिए उन सर को जिम्मेदारी दी गयी थी जो छात्रो में भेदभाव करते थे और हम तीनो प्रोजेक्ट साथियो को पसंद नहीं करते थे। अंततः वो दिन आ गया जब सर को हमारे द्वारा कंप्यूटर प्रोग्रामिंग से बनायीं गयी एप्लीकेशन जांचनी थी। वो हमारी कंप्यूटर लैब में बारी बारी से सब समूह के छात्रो की एप्लीकेशन जांचने के बाद उन्हें नंबर दे रहे थे। जब मैंने देखा की अगले दस मिनट में हमारा नंबर भी आ जायेगा तो मैंने अपने बाकि दोनों साथियो से कहा 'यार एक बार दोनों एप्लीकेशन चैक कर लेते है' फिर मैं एक कंप्यूटर के आगे बैठ गया और महीप दूसरे के। हमने चैक किया तो dashboard डैशबोर्ड तो ठीक से काम कर रहा था परन्तु फाइल एक सिस्टम से दूसरे पर नहीं जा रही थी। दोनों सिस्टम LAN से जुड़े थे। हमे लगा यार ये अंत समय में अब क्या हो गया। फिर हमने एक तरीकब सोची। पांच मिनट बाद हमारे द्वारा बनाये गए प्रोजेक्ट को जांचने का क्रम आ गया। उन सर ने चैक किया के डैशबोर्ड ठीक से काम कर रहा है। फिर उन्होंने कहा," तुम लोगो ने कहा था की इसमें FTP अर्थात

फाइल को एक सिस्टम से दूसरे में भेजने की भी सुविधा तुमने दी है, वो देखाओ" हम तीनो डर गए।  फिर मैंने सर से कहा ," सर मैं यहां इस सिस्टम की D: ड्राइव में टेस्ट नाम से एक फाइल बनता हूँ अब मैं अपनी एप्लीकेशन मे इसे खोल कर सेंड का बटन दबाता हूँ अब ये फाइल हम महीप के सिस्टम पर चैक कर सकते है" फिर हमने उसी टेस्ट नाम की फाइल सर को महीप के सिस्टम पर भी देखा दी। सर खुश हो कर हम तीनो को बहुत अच्छे नंबर देकर चले गए। असल में जब FTP ने काम करना बंद कर दिया था तो मैंने टेस्ट नाम की एक फाइल पहले ही महीप के सिस्टम में भी बना दी थी और सर को पहले अपने सिस्टम में एक नयी टेस्ट नाम की फाइल बना कर उसे अपनी एप्लीकेशन में ओपन किया और सेंड का बटन दबाया और फिर महीप के सिस्टम पर पहले से ही बनी उसी टेस्ट नाम की फाइल को सर को देखा दिया। सर को लगा की वो फाइल हमारे द्वारा बनायीं गयी एप्लीकेशन से एक सिस्टम से दूसरे सिस्टम में आयी है।

रस : वीर

# होली

जब मैं छोटा था तब हमारे मोहल्ले में हमारे घर के ठीक सामने वाले चौराहे पर बहुत शानदार और बड़ी होली लगाई जाती थी। छोटी होली की रात काफी नाच- गाना, धूम धड़ाका, मौज मस्ती होती थी, और हमारे मोहल्ले के बड़े लड़के जो उस समय युवा अवस्था में थे बहुत धूमधाम से होली मनाते थे और रात को होली दहन होता था हम भी बार-बार उस होली की मौज मस्ती में शामिल होते थे हम कभी उस जगह जाते जहां होली लगी होती थी और कभी घर आ जाते। ये बात सन 1994 की होली के आसपास की है होली से दो-तीन दिन पहले हमारे मोहल्ले के उन लड़कों का जिन्हें हम भईया बोलते थे और जो मोहल्ले में सभी उत्सव और त्योहार बड़ी धूमधाम से मनाते थे, पास के ही कुछ लोगों से झगड़ा हो गया ऐसे ही छोटी सी बात पर किसी ने कुछ कह दिया और उससे झगड़ा हो गया जबकि बात बहुत बड़ी नहीं थी हमें तो ऐसा ही लगता था और हमारे मोहल्ले के लड़कों को भी। लकिन छोटी होली की रात जो हुआ वह बहुत खतरनाक और भयानक था ।

छोटी होली की रात करीब 9:00 बज गए थे और सामने चौराहे पर से जहां पर होली लगाई गई थी गानों के चलने और मौज मस्ती की कोई आवाज नहीं आ रही थी हमारी समझ में नहीं आ रहा था कि इस बार क्या हो गया है क्योकि हर होली पर शाम को 7:00 बजे से ही मौज मस्ती और गाना बजाना शुरू हो जाता था।

रात के करीब 10:30 बजे हमारे मोहल्ले में अचानक हल्ला मच गया और बहुत ज्यादा शोर मचाने लगा तभी हमारे मोहल्ले के एक लड़के के पापा भाग कर आए और उन्होंने लगी हुई होली की सारी लकड़िया गिरा दी। हमारी कुछ समझ में नहीं आ रहा था कि यह क्या कर रहे हैं यह तो अशुभ है ऐसा नहीं करना चाहिए लेकिन उन्होंने ऐसा किया। बाद में पता चला कि हमारे मोहल्ले के कुछ लड़कों का जिन लड़को से कुछ दिन पहले छोटी सी बात पर झगड़ा हुआ था उन्होंने बाहर से गुड्डे बुलवाये थे और उनके पास हथियार भी थे । उन्होंने हमारे मोहल्ले के कई लड़कों पर हत्यारों से वार कर दिया जिससे उन अंकल जिन्होंने होली की लकड़ियाँ गिरायी थी, के लड़के की मृत्यु हो गई। एक भईया की रीड की हड्डी पर गोली लगी थी जिससे उन्हें जिंदगी भर के लिए पैरालाइसिस (paralysis) हो गया। दूसरे एक भईया के कमर पर चाकू मारा गया था। वह हरिद्वार के इतिहास में सबसे खतरनाक गोलीबारी की घटना थी ऐसा माना जाता है कि उस दिन 80

बार गोली चलायी गयी थी। हमारे मोहल्ले में तो जैसे माताम ही छा गया और उस दिन से लेकर आज तक उस चौराहे पर कभी भी होली नहीं लगाई गई है। उस दिन के बाद से कई सालों तक हमारे मोहल्ले की मौज मस्ती धूम धड़ाका सब खत्म हो गया था । जो मोहल्ला उन लड़कों की वजह से गुलजार रहा करता था वह कई सालों तक सुना सुना रहा और सामान्य स्थिति आने में कई वर्ष लग गए। वह होली की रात मुझे आज तक याद है।

रस : करुण

# Father

बात शायद 2012 की है मेरे बड़े भईया अपने परिवार के साथ छुटी मनाने केरल गए हुए थे। उन्हें केरल में तीन- चार अलग अलग जगह रुकना था।  इस ही क्रम में जब वह लोग कुमारकोम के अपने रिसोर्ट में पहुंचे तो उन्होंने पाया की वह रिसोर्ट बहुत बड़े क्षेत्र में फैला हुआ है और बीच बीच में उस रिसोर्ट में काफी पेड़ पौधे आदि थे उस रिसोर्ट में एक झील भी थी एवं रिसोर्ट के कमरे एक दूसरे से काफी दूरी दूरी पर थे और कई कमरों के बीच मे काफी सुनसान रास्ता था। तो मेरे भईया का जो रिसोर्ट में कमरा था वो उस रिसोर्ट के अंत में सबसे ज्यादा एकांत में था उसके आस बस बहुत ज्यादा हरियाली और पेड़ पौधे थे।

अगर रिसोर्ट के उस कमरे की खिड़की या दरवाजा खोल कर देखो तो दूर तक सुनसान जंगल जैसा दिखता था। भईया का जो अपार्टमेंट नुमा रहने का स्थान था उसके लिविंग रूम के मेज पर एक बाइबिल रखी हुई थी। एक शाम जब भईया अपने परिवार के साथ आस पास के स्थान देखने के बाद वापस

रिसोर्ट के अपने कमरे में आये तो वह बहुत थके हुए थे और नाहने के लिए स्नान ग्रह में चले गए जो की उनके रिसोर्ट में रुकने वाले अपार्टमेंट के कमरे के अंदर ही था।

जब भईया नहा रहे थे तो नाहते नाहते अचनाक उनका ध्यान स्नान गृह मे लगे दर्पण पर गया तो वो एक दम से डर गए क्योकि उन्हें दर्पण में एक चेहरा और साया दिखाई दिया। असल में वो साया एक फादर का था जो सफेद कपड़े पहने खड़ा था। भईया ने तुरंत अपनी आँखे मल कर फिर से देखा तो दर्पण में कुछ भी दिखाई नहीं दिया और अचनाक उस स्नान गृह की खिड़की खुल गयी जो बहार सुनसान जगह पर खुलती थी। भईया कुछ डरे और सहमे हुए से स्नान गृह से बहार आ गए और फिर वो सब सो गए पर भईया को रात भर नींद नहीं आयी उनकी आँखों के सामने उस सफेद कपड़ो वाले फादर का चेहरा ही घूम रहा था।

अगली सुबह जब मेरी भतीजी बाथरूम में गयी तो वो बहुत जोर से चीख पड़ी, भईया भाग कर अंदर गए और पूछा की क्या हुआ था तो उसने बताया कि उसे अभी बाथरूम के शीशे में सफ़ेद कपड़े पहने हुए एक फादर दिखाई दिया था जो एक दम से अदृश्य हो गया। अब तो भईया को पूरा विश्वाश हो गया था कि हो ना हो उस बाथरूम और उस अपार्टमेंट में कुछ अदृश्य शक्ति है। वो तुरंत रिसोर्ट के मैनेजर के पास गए अपना कमरा बदलवाने के लिए। मैनेजर ने उन्हें बहुत समझया कि ये बस

उनका वहम है। लकिन भईया नहीं माने और उन्होंने मैनेजर से रिसोर्ट के अन्य कमरों को दिखाने को कहा । भईया ने उस रिसोर्ट के कई सारे कमरे देखे पर और किसी भी कमरे में बाइबिल नहीं रखी थी। भईया ने इसका कारण रिसोर्ट के मैनेजर से पूछा पर उसके पास कोई जवाब नहीं था। अंत में उस मैनेजर को भईया का वो कमरा बदलना ही पड़ा और उसके अगले दिन ही उन्होंने वो रिसोर्ट छोड़ दिया।

रस : भय

# *Joke*

सरदार एक ऐसी जाति है जो बहुत ही ज्यादा मेहनती और दूसरों की मदद करने पर विश्वास रखती है ऐसा माना जाता है कि सरदार अपनी मेहनत के बल पर पत्थर से भी पानी निकाल सकते हैं आपने कभी भी किसी सरदार को कही भीख मांगते हुए नहीं देखा होगा क्योंकि वह लोग मेहनत पर विश्वास करते हैं साथ ही साथ एक दूसरे की मदद करने पर भी हैं।

मैं भी ऐसे बहुत से सरदारों को जानता हूं और बहुत से सरदार मेरे मित्र भी हैं जो अपनी मित्रता निभाने के लिए एवं किसी दूसरे की सहायता करने के लिए किसी भी हद तक जा सकते हैं इसी क्रम में अगर आपको याद हो तो मेरी पहले आयी एक पुस्तक 'सच्चाई कुछ पन्नों में' में एक कहानी थी सरदार जी के ऊपर कि कैसे उन्होंने सारी मुसीबत अपने ऊपर लेकर एक गरीब की मदद की थी लेकिन आज मैं आपको एक ऐसे सरदार जी की कहानी सुनाने जा रहा हूं जो आपकी इस धारणा को बदल कर रख देगी मुझे विश्वास नहीं हो रहा था कि कैसे

कोई सरदार जी ऐसे भी हो सकता है।

मेरी इस पुस्तक की कहानी नंबर 8 'Saturday night' में आपने पढ़ा होगा की कैसे मुझे दिल्ली में एक रात अपनी बीवी और बच्चे के साथ डर के साये में गुजारनी पड़ी थी। ये कहानी उससे आगे की है।

2 अगस्त 2018 को मैने अपने मकान मालिक को बता दिया था की आपकी ये बिल्डिंग हिल रही है और कभी भी गिर सकती है इस लिए मैं 2-3 दिनों में आपका फ्लोर जो मैने किराये पर ले रखा है वो खाली कर दूंगा। काफी परेशानी और मुश्किलों के बाद मैने जल्दी में मकान बदल दिया और फिर 6 अगस्त 2018 को अपने पुराने मकान मालिक जो कि एक सरदार जी थे को फ़ोन किया और कहा," वीर जी मैने आपको जो डिपोसिट के 25000/- रुपए दिए थे वो कब वापस करंगे?" उन्होंने कहा "ऐसे कैसे पहले मैं अपना फ्लोर चैक करूँगा जो आपको किराये पर दे रखा था" मैने कहा" ठीक है"

एक बात और बताना चाहता हूं मैंने अपने पुराने घर के मकान मालिक सरदार जी को अगस्त माह का किराया एडवांस में पहले ही दे दिया था।

अगले दिन मैं और सरदार जी उनके उस फ्लोर पर गए तो उस फ्लोर की रसोई में जाकर सरदार जी ने कहा यहां पर छोटी-छोटी बजरी कहां से आयी मैंने कहा कि सरदार जी मैंने आपको फोन करके बताया था कि बराबर वाले मकान में काम

चल रहा है और उन्होंने जेसीबी लगाई है जिससे कि यहां पर आप की बिल्डिंग हिल रही है और यह उसी से हुआ है।

फिर मैंने सरदार जी से कहा, "वीर जी मेरा डिपॉजिट और अगस्त माह का 5 दिन का किराया काटकर बाकी पैसा वापस कर दीजिए तो उन्होंने कहा, "यह कोई तरीका थोड़ी होता है एक महीना पहले बताना पड़ता है तभी तो तुम्हारा पैसा वापस होता तुमने तो मुझे दो-तीन दिन पहले ही बताया था" तो मैंने कहा, "वीर जी यह फ्लोर मैंने अपनी मर्जी से खाली नहीं किया है आपके घर में प्रॉब्लम थी यह हिल रहा था बिल्डिंग गिर सकती थी हम मर सकते थे इसलिए मुझे मजबूरी में खाली करना पड़ा"

फिर वह सरदार जी यह बोल कर चले गए कि हिसाब लगाना पड़ेगा फिर देखता हूं तुम्हारा कितना पैसा बनेगा, उसके बाद 10 दिन तक मैं फोन करता रहा और उससे बिनती करता रहा कि मुझे पैसों की बहुत जरूरत है क्योंकि अचानक मुझे घर बदलना पड़ा है तो कृपया करके मेरा पैसा मुझे वापस कर दीजिए लेकिन वह मेरी बात सुन ही नहीं रहे थे अंततः एक दिन वह तैयार हुए और उन्होंने कहा ठीक है वापस कर दूंगा फिर उन्होंने 17000 रूपये वापस किये ।

मैंने उनसे कहा कि मेरे 25000 डिपाजिट के और 13000 अगस्त माह का किराया जो मैंने एडवांस में दे रखा है वह मिलाकर 38000 बैठते हैं आप किस हिसाब से मुझे ₹ 17000 वापस कर

रहे हैं तो उन्होंने मुझे कहा कि अगस्त का तो तुम्हें पूरा किराया देना ही पड़ेगा वरना 1 महीने पहले बताना चाहिए था साथ ही 5 दिन का सितंबर का भी किराया देना पड़ेगा मेरा तो दिमाग ही घूम गया। सितंबर का किराया जो अभी एक महीना दूर था जिससे करीब डेढ़ महीना पहले मैंने सरदार जी को बता दिया था कि आपके घर में प्रॉब्लम है इसलिए मुझे मजबूरी में ये मकान बदलना पड़ रहा है। तो आज तक मिले सरदारों में ये अकेले ऐसे थे।

रस : वीभत्स